더불어 사는 세상이
더불어 행복한 세상입니다

변호사 김양홍의
행복한 동행

■ 추천사 ■ ■ ■ ■ ■ ■ ■ ■ ■ ■ ■ ■

우리 시대의 깃대종

　시대의 아픔을 걱정하고 스스로의 혼을 조신하게 닦으며 이웃을 눈여겨 지극히 살피는 지성인이 그리운 시절에 김양홍 변호사는 뚜벅뚜벅 바른 걸음으로 우리 시대의 깃대종이 되었습니다.
　민족의 나아갈 길을 밝히려 애쓰고 어두운 곳을 찾아 촛불을 켜주며 바른 법의 참된 가치를 살려내는 그의 청정함이 늘 고맙습니다.
　김양홍 변호사는 천명을 곱게 받드는 넉넉한 품격이 있습니다. 대한민국을 감동케하려는 어짐이 있습니다. 그는 우리 시대를 조명하려는 참 선비입니다.
　제게 좋은 인연으로 다가온 김양홍 변호사, 큰 가슴으로 고난 받는 이들의 벗이 되어주고, 삶의 지표가 되어주며, 법에게도 향기를 뿌려준 그 따뜻한 공덕으로 좋은 글을 펼쳤습니다.
　축하와 큰 박수를 보냅니다.

　　　　　　　　　　　　사단법인 민주시민정치아카데미
　　　　　　　　　　　　　　　이사장 김홍신

■ 추천사 ■ ■ ■ ■ ■ ■ ■ ■ ■ ■ ■ ■ ■ ■

인생의 보물 이야기

"벼랑 끝으로 오라." 마침내 그들은 날았다. 누구나 일생을 살면서 벼랑 끝에 몰리는 경우가 있습니다. 벼랑 끝에 서보지 않은 사람이 있다면 인생의 성공을 얻기 힘듭니다. 벼랑 끝은 막다른 골목이 아니었습니다. 새로운 도약이었습니다. '변호사 김양홍의 행복한 동행'은 이런 교훈적인 글로 가득 차 있습니다.

"내가 할 일이 비록 작은 일일지라도 최선을 다해야 한다. 결국 이 세상은 그렇게 작은 일에 최선을 다하는 사람들이 이끌어가는 것이다." 이 말은 나의 신념과도 같습니다. 이 세상을 만드는 것은 결코 큰 일이 아닙니다. 큰 틀에서 작은 일을 최선을 다해야 하는 것입니다. 이런 인생의 지혜도 이 책은 알려줍니다.

나는 평소 부정적인 말은 잘 하지 않습니다. 부정적인 말은 그 울림으로 인해 나쁜 영향을 끼치기 때문입니다. 이 책에는 나의

■ ■ ■ ■ ■ ■ ■ ■ ■ ■ ■ ■ ■ ■ ■ ■

생각과 같은 말이 담겨 있습니다. "말은 그대로 이루어지게 하는 능력이 있다. 그렇기 때문에 감사의 말, 사랑의 말, 긍정의 말, 축복의 말을 해야 한다." 얼마나 멋드러진 말인가.

일본 아오모리 현의 사과 90%가 태풍으로 떨어져 농민들이 슬픔에 잠겼을 때, 남은 10%의 사과를 '떨어지지 않는 사과'로 수험생들에게 10배의 값에 팔았다는 이야기는 인생의 슬픔을 기쁨으로 바꿀 수 있는 역발상의 전환을 가르쳐줍니다. 그래서 이 책을 읽으면 긍정의 힘이 생깁니다.

내가 가장 좋아하는 싯귀 '풍경소리 들리면 보고싶은 내 마음이 찾아간 줄 알아라'가 담겨 있는 '풍경 달다'를 지은 정호승 시인은 바람과 풍경의 관계를 사랑의 관계라고 설명했습니다. 그런데 김 변호사님은 '당신이 없으면 내가 없는 것이다'라고 해석했습니다. 이보다 더 절실한 사랑 표현이 있을 수 있는가.

탔던 배가 가라앉는 순간 구명대를 서로 사양하면서 "너만은 제발 살아다오"라고 말할 수 있는 사람을 그대는 가졌는가라는

■ 추천사

함석헌의 시는 자신의 인간관계를 되짚게 만듭니다.

 이 세상에서 나 하나가 무슨 일을 할 수 있을지 망설이는 이를 위해 "네가 꽃피고 나도 꽃피면 결국 풀밭이 온통 꽃밭이 되는 것 아니겠느냐"는 조동화의 시 '나 하나 꽃피어'는 아름다운 세상을 나부터 만들 수 있음을 알려줍니다.

 변호사는 아무리 힘들어도 사자처럼 풀을 먹어서는 안된다. 변호사는 곧 죽어도 정도(正道)를 가야 하는 것이다." 변호사에게 이보다 더 소중한 교훈은 없습니다. 나 자신의 소신이기도 한 이 말을 김 변호사님은 변호사들에게 교훈적으로 남기고 있습니다.

 김 변호사님의 '행복한 동행'에는 주옥같은 수많은 이야기들이 들어있습니다. 숨은 일화, 자신이 겪은 일, 시, 소설, 영화 등에 나오는 인생의 보약과 같은 말을 속삭이듯 들려줍니다. 100권의 책을 읽는 것도 중요하지만 이런 인생의 보물 이야기를 한 곳에서 만날 수 있다는 것은 큰 행운입니다. 책상에 두고 수시로 보거나 머리맡에 두고 자기 전 읽고 잔다면 인생의 기쁨이 될 것입니다.

■■■■■■■■■■■■■■

　김양홍 변호사님은 제가 평소 존경하고 좋아하는 분입니다. 솔직하고 진지하며 겸손하고 올바르고 남을 위해 봉사하고 자신을 희생할 줄 아는 이 시대의 소금과 같은 분이기 때문입니다. 이런 분이 누구나 읽어도 도움이 되는 쉽고 재미있는 교훈을 담아 책으로 펴냈다는 것은 우리에게 큰 행복입니다.

　우리는 이 책을 통해, 근심하는 자 같으나 항상 기뻐하게 하시고, 가난한 자 같으나 많은 사람을 부요하게 하시고, 아무 것도 없는 것 같으나 모든 것을 가진 자가 되게 해주시옵소서라는 그의 새해 첫날 기도문 같은 삶을 배울 수 있습니다.

대한변호사협회
회장 하창우

■ 추천사 ■ ■ ■ ■ ■ ■ ■ ■ ■ ■ ■ ■

좋은 할아버지가 꿈인 사람

원 세상에, 삶의 꿈이 할아버지가 되는 거라고? 그냥 하는 말이 아니라 진짜 그런 꿈을 가진 사람이 있다. 남에게 멋지게 보이려고 말의 수사로 써먹는 얘기가 아니라 참으로 좋은 할아버지가 되는 것이 인생의 꿈인 사람이 있다. 그래서 그 사람은 나이가 먹는 것을 좋아한다. 김양홍 변호사님이다.

이 책 168면에 그런 내용이 나온다.

나의 꿈은 할아버지가 되는 것이다.
몸도 마음도 건강한 할아버지가 되고 싶다.
그래서 누가 나 보고 나이 들어 보인다고 하면 기분이 좋다.
꿈에 더 다가가는 것 같아서이다.
그래서 오늘도 좋은 할아버지가 되는 연습을 하고 있다.
참 아름답게 지고 싶다.

■ ■ ■ ■ ■ ■ ■ ■ ■ ■ ■ ■ ■ ■ ■ ■

내가 이분을 안 것이 십오 년이 넘었다. 서빙고동에 있는 서호교회에서 목회할 때 이분과 함께 교회를 섬겼다. 얼굴에 늘 선한 미소가 가득하고 목소리가 부드러웠다. 말에 모난 데가 없고 행동이 빠르지 않으면서 넉넉했다. 다른 사람 얘기에 진실하게 귀를 기울이며 남을 돕는 일에 마음이 깊었다.

좋은 할아버지가 되고 싶다는 얘기를 나는 김 변호사님에게 십 수 년 전에 들었다. 인상 깊은 얘기여서 머리에 남았다. 김 변호사님을 생각하면 늘 이 얘기가 떠올랐다. '좋은 할아버지'라는 말에 이분의 인생철학이 담겨 있다. 만남과 경청, 배려와 돌봄, 나눔과 동행 말이다.

김 변호사님 책에 추천의 글을 쓰려고 책 내용을 읽으면서 나는 다시 한 번 이분의 내면을 만났다. 이 책에 실린 이야기들은 어떻게 보면 평범하다. 그러나 김 변호사님의 삶과 마음을 아는 나로서는 이 책의 이야기가 결코 평범하지 않다. 짤막한 글들을 읽으면서 점점 더 좋은 할아버지가 되는 사람을 보았다.

■ ■ ■ ■ ■ ■ ■ ■ ■ ■ ■ ■ ■ ■ ■ ■ ■ ■ ■

　기독교 신앙은 시간의 흐름에서 하나님의 섭리를 배운다. 시간의 흐름은 어쩔 수 없어서 받아들이는 숙명 같은 게 아니다. 시간이 흐르는 강에서 우리는 동행이라는 위대한 수업에 참여한다. 거기에 하늘 아버지가 함께 계시고 이웃이 더불어 산다. 김양홍 변호사님은 이 수업에서 거의 최고 점수를 받고 있는 듯하다. 이런 분과 알고 지내는 게 감사하다.

　빨리 가려면 혼자 가도 된다. 멀리 가려면 함께 가야 한다. 삶을 길게 보는 사람이 지혜롭다. 이 삶 너머 영원한 나라까지 가는 게 참된 삶이라면 거기에 이르는 길은 이웃과 동행해야 걸을 수 있다. 행복한 동행 말이다.

말씀삶공동체 성락성결교회
담임목사(Dr. Theol.) 지형은

■ 추천사 ■ ■ ■ ■ ■ ■ ■ ■ ■ ■

글은 사람을 닮는다

글은 사람을 닮는다 했다.

언제나 주변 사람들을 따뜻한 마음으로 대하고 배려와 공감으로 소통하는 김양홍 변호사의 뜻과 삶을 이 작은 책자를 통하여 엿볼 수 있다. 다들 경험해 보았을 일상의 소소한 사건, 사람과 사회에 대한 김변호사의 성찰에 기초한 미셀러니를 읽으면서 내 자신을 돌아보게 된다.

서울대학교 법학전문대학원

교수 **조국**

■ 머리말 ■ ■ ■ ■ ■ ■ ■ ■ ■ ■ ■ ■

행복한 동행

감사하는 마음으로 이 글을 씁니다. 제가 존경하는 김홍신 선생님이 지난 2014년 가을 선거연수원에서 주관하는 민주시민정치아카데미 4기 특강에서 "죽기 전에 수필집, 자서전, 전공서적, 이 3가지는 꼭 쓰라"고 하신 말씀을 듣고, 그 다음날부터 수필집을 내야겠다고 다짐하고 글감을 준비했습니다.

어떤 주제로, 어떤 내용을 쓸까 고민하다가 우선 책이나 SNS 등 일상생활에서 접하게 되는 좋은 글을 토대로 저의 생각을 더 하기로 하였습니다. 삶의 지혜가 담긴 글을 함께 나눔으로써 더 지혜로운 삶을 살고, 아름다운 시와 노래, 좋은 영화와 연극, 여행을 통해 더 행복한 삶을 살아가는데 작은 도움이라도 되길 바라는 마음으로 글을 정리했습니다.

제가 이 책을 통해 하고 싶은 말은 '더불어 사는 세상을 만들자' 입니다. 더불어 사는 세상이, 더불어 행복한 세상이기 때문입니다. 그리고 이 책의 특징은 '부족함' 입니다. 정말 많이 부족할 것입니다. 그 부족한 부분은 독자 여러분이 '사랑' 으로 채워주십시오.

■ ■ ■ ■ ■ ■ ■ ■ ■ ■ ■ ■ ■ ■ ■ ■ ■

  이 책을 출간하게끔 격려를 아끼지 않으시고 추천사까지 써주신 김홍신 민주시민정치아카데미 이사장님과 하창우 대한변호사협회 회장님, 지형은 성락성결교회 담임목사님, 조국 서울대 교수님, 당신의 작품사진을 흔쾌히 사용하게 해주신 문쾌출 전국보일러설비협회 회장님과 少省 이희규 선생님, 최초로 日中韓 대조성경을 출간한 모리슨 출판사 박영선 이사장님과 최순환 대표님, 교정을 도와준 저의 여동생 김미아 동화작가와 매제 하린 시인, 미소가 아름다운 저의 아내 나주옥, 사랑하는 딸 은혜와 아들 은철 그리고 저를 아는 모든 분들께 사랑과 감사의 인사를 전합니다. 제가 애송하는 에머슨의 '무엇이 성공인가' 라는 시에 이런 구절이 있습니다. '내가 한 때 이곳에 살았음으로서 단 한 사람이라도 행복해지는 것, 이것이 진정한 성공이다.'

  저와 독자여러분 그리고 이 땅에 살고 있는 우리 모두가 행복하기를 간절히 소망합니다. 끝으로 지금의 저를 있게 해주신 하나님께 이 모든 영광을 올립니다. 감사합니다.

2015년 늦은 겨울
사랑하는 우리 조국 대한민국 하늘 아래에서
변호사 김양홍 올림

■ 차 례 ■ ■ ■ ■ ■ ■ ■ ■ ■ ■ ■ ■

추천사 • 3

머리말 • 12

제1편 삶과 지혜

처음부터 불행은 없었다 • 22

살아 있는 동안 웃고 살자 • 24

말을 소금으로 맛을 냄과 같이 하라 • 26

작은 일에 최선을 다해야 한다 • 27

인생은 시소게임이다 • 29

고스톱을 잘 하자 • 30

항상 맑으면 사막이 된다 • 31

내일 일은 내일이 염려할 것이요 • 32

아즈 함 바후트 쿠스헤 • 33

걱정에 물들지 않는 연습을 하라 • 34

나침반은 항상 북쪽을 향한다 • 35

떨어지지 않는 사과 • 36

허들링 (Huddling) • 38

스프링벅(springbok) 현상 • 42

가끔은 허리띠 풀어놓고 살자 • 44

바로 지금 • 45

좋은 사람 만나기 • 46

왜 코끼리는 작은 말뚝에 묶여있을까? • 47

개미 하는 것을 보고 지혜를 얻으라 • 48

바다는 3.5% 염분 때문에 짜다 • 50

다 때가 있다 • 53

코람 데오 (coram Deo) • 54

키위새 (Kiwi bird) • 55

코이의 법칙 • 56

호박벌 • 57

소와 사자의 사랑이야기 • 59

이제 시작이야 • 61

한 통에 4달러 • 63

소록도 천사 두 할매 • 65

다쉬라트 만지히 (Dashrath Manjhi) • 71

꽃잔디(moss pink) 사랑이야기 • 74

세종대왕도 국민투표를 실시했다 • 78

나를 더 빛나게 해줄 사람을 만나자 • 79

마음의 주인이 되자 • 80

관상은 심상만 못하고, 심상은 덕상만 못하다 • 81

근주자적 근묵자흑 (近朱者赤 近墨者黑) • 83

근자열 원자래 (近者說 遠者來) • 85

불환빈 환불균 (不患貧 患不均) • 86

■ 차 례 ■ ■ ■ ■ ■ ■ ■ ■ ■ ■ ■ ■

제 2 편 삶을 아름답게 하는 것들

단 한번의 사랑 (김홍신 소설) • 90
죽어도 사장님이 되어라 (김형환/김승민 책) • 92
무엇이 성공인가 (Emerson 시) • 102
약해지지 마 (しばたとよ 시) • 105
나 하나 꽃피어 (조동화 시) • 108
나는 행복합니다 (배영희 시) • 110
그 사람을 가졌는가 (함석헌 시) • 112
마음이 아름다우니 세상이 아름다워라 (이채 시) • 114
풍경달다 (정호승 시) • 116
방문객 (정현종 시) • 117
모든 순간이 꽃봉오리인 것을 (정현종 시) • 119
사랑하라, 한번도 상처받지 않은 것처럼 (Suja 시) • 121
세월이 일러주는 아름다움의 비결 (Sam Levenson 시) • 123
벼랑 끝으로 오라 (Christopher Logue 시) • 125
10월의 어느 멋진 날에 (Secret Garden 원곡) • 127
위대한 약속 (리아킴 노래) • 129
내가 만일 (안치환 노래) • 131
조약돌 (박상규 노래) • 133
나는 행복한 사람 (이문세 노래) • 135
주님 손 잡고 일어서세요 (김석균 찬양) • 136

소나무 (독일 민요) • 138
너는 내 옷을 입고 내 대신 살아다오 (연극 '衣') • 139
영화 '히말라야' • 142
영화 '연평해전' • 147
영화 '국제시장' • 149
영화 '님아, 그 강을 건너지 마오' • 150
영화 '버킷리스트' (Bucket List) • 152
다큐멘터리 '일사각오 주기철' (KBS) • 154

제3편 이런 저런 이야기

사자는 배고프다고 풀을 먹지 않는다 • 160
미리 써보는 주례사 • 162
어느 고등학교 1학년 학생의 꿈 • 166
할아버지가 되고 싶습니다 • 168
지렁이 시체 치우는 사람 • 169
한 여름 어느 날 아침 • 170
이 가을이 아쉽다 • 172
잠 못 이루는 밤 • 173
자기 자리를 잘 지키자 • 174
쓸데없는 걱정도 필요할 때가 있다 • 175
참나무 같은 사람 • 177

차 례

사랑의 빛은 자연채무(自然債務)이다 • 179
세상에 공짜도 많다 • 181
살려주세요 • 183
진고모 • 185
내가 다섯살이 되면 • 186
오복 중에 최고는 처복이다 • 188
남자는 아내의 그릇 크기만큼 성장한다 • 190
6:6:5:2 (멋진 아들 이야기) • 192
인류발전을 위해 살아야죠 • 193
천국 갈래, 지옥 갈래? • 194
사랑하는 사람 뒤에는 • 195
갈릴리바다와 사해(死海) • 196
Merry Christmas • 198
새해 복 많이 받으십시오 • 199
2016년 새해 첫날 기도문 • 201
등산 개똥철학 • 203
아빠와 아들의 한라산 겨울산행기 • 206
아빠와 아들의 라오스 여행기 • 209
배우자의 인권 • 236
노숙인의 인권 • 248

변호사 김양홍의
행복한 동행

제1편

삶과 지혜

처음부터 불행은 없었다 • 살아 있는 동안 웃고 살자 • 말을 소금으로 맛을 냄과 같이 하라
작은 일에 최선을 다해야 한다 • 인생은 시소게임이다 • 고스톱을 잘 하자 • 항상 맑으면 사막이 된다
내일 일은 내일이 염려할 것이요 • 아즈 함 바후트 쿠스헤 • 걱정에 물들지 않는 연습을 하라
나침반은 항상 북쪽을 향한다 • 떨어지지 않는 사과 • 허들링 (Huddling) • 스프링벅(springbok) 현상
가끔은 허리띠 풀어놓고 살자 • 바로 지금 • 좋은 사람 만나기 • 왜 코끼리는 작은 말뚝에
묶여있을까? • 개미 하는 것을 보고 지혜를 얻으라 • 바다는 3.5% 염분 때문에 짜다 • 다 때가 있다
코람 데오 (coram Deo) • 키위새 (Kiwi bird) • 코이의 법칙 • 호박벌 • 소와 사자의 사랑이야기
이제 시작이야 • 한 통에 4달러 • 소록도 천사 두 할매 • 다쉬라트 만지히 (Dashrath Manjhi)
꽃잔디(moss pink) 사랑이야기 • 세종대왕도 국민투표를 실시했다 • 나를 더 빛나게 해줄
사람을 만나자 • 마음의 주인이 되자 • 관상은 심상만 못하고, 심상은 덕상만 못하다
근주자적 근묵자흑(近朱者赤 近墨者黑) • 근자열 원자래(近者說 遠者來) • 불환빈 환불균(不患貧 患不均)

처음부터 불행은 없었다

행복의 기준은 무엇일까?
자식이 공부를 잘하면 행복할까?
돈을 많이 벌면 행복할까?
꿈을 이루면 행복할까?
그럼 그 반대로,
자식이 공부를 못하면 불행할까?
돈을 적게 벌면 불행할까?
꿈을 이루지 못하면 불행할까?
행복과 불행은 결국 자기 자신의 마음가짐 아닐까?
행복하다고 생각하면 행복한 것이고,
불행하다고 생각하면 불행한 것이다.
삶은 행복과 불행의 연속 아닐까?
내 마음가짐이 행복했다가 불행했다가 하니까.

불행의 원인을 밖에서 찾지 말라.
처음부터 불행은 없었다.
내가 불행하다고 생각한 것에 불과하다.
나와 당신은 이 세상에서 단 하나뿐인 귀한 존재이다.
나와 당신은 행복하게 살기 위해 이 땅에 태어난 것이다.
누려라.
지금의 행복을 ...
오늘의 행복을 ...

난 정말 축복받은 사람이다
지금 나는 그 누구도 상상하지 못했던
인생을 즐기고 있다.
나는 내 삶을 사랑한다.

- 닉 부이치치(Nick Vujicic) -

살아 있는 동안 웃고 살자

살아 있는 동안 웃고 살자.
죽으면 웃고 싶어도 못 웃는다.
웃음을 빼앗아간 당신이 나를 웃겨보라고 하지 마라.
그럼에도 불구하고 웃을 수 있는 사람은 상대방이 아니라, 나다.
지금 절망적인 상황일 수 있다.
길 가에 있는 풀이 부러울 때가 있다.
그 때도 웃자.
절망한다고, 또 길 가의 풀을 부러워하며 낙담한다고
걱정거리가 없어지지 않지 않는가?
물론 희망을 갖는다고 문제가 모두 해결되지는 않는다.
현실은 추운 겨울일테니까 …
그렇지만 절망적인 삶을 살 것인지 아니면 웃고 살 것인지는
내가 결정하는 것이다.
장미꽃처럼 화려한 삶을 부러워하지 말자.
이름 없는 길가의 풀도 부러움의 대상이 되지 않는가?

살아 있는 동안 웃고 살자.
지금 당장 내가 할 일을 마음을 다해 하자.
지금 내 곁에 있는 사람들을 더 사랑하자.
마음 밭에 사랑을 심자.
그것이 자라나 행운의 꽃이 필 것이다.
그렇게 하다보면 진짜 웃을 일 생길 것이다.
세상만사 마음먹기에 달려 있다.
생각하는 대로 된다.

꽃을 사랑한다고 말해 놓고 물을 주지 않으면
사랑하는 것이 아닙니다.
멋진 인생을 살겠다고 작정하고선 웃지 않으면
말뿐인 인생입니다.
  - 최규상/황희진의 '긍정力 사전' 중에서 -

말을 소금으로
맛을 냄과 같이 하라

말은 그대로 이루어지게 하는 능력이 있다.
그렇기 때문에
감사의 말, 사랑의 말, 긍정의 말, 축복의 말을 해야 한다.
감사의 말을 하면 감사한 마음이 생기고,
사랑의 말을 하면 사랑이 생기고,
긍정의 말을 하면 긍정의 생각이 생기고,
축복의 말을 하면 축복된 삶으로 인도된다.
사랑의 말이 아니면 말문을 닫아야 한다.
말은 씨가 되어 자라고,
그 열매를 맺기 때문이다.

너희 말을 항상 은혜 가운데 소금으로 맛을 냄과 같이 하라
그리하면 각 사람에게 마땅히 대답할 것을 알리라
- 골로새서 4장 6절 -

작은 일에 최선을 다해야 한다

"작은 일에도 무시하지 않고 최선을 다해야 한다.
작은 일에도 최선을 다하면 정성스럽게 된다.
정성스럽게 되면 겉에 배어 나오고,
겉에 배어 나오면 겉으로 드러나고,
겉으로 드러나면 이내 밝아지고,
밝아지면 남을 감동시키고,
남을 감동시키면 이내 변화게 되고 변화면 생육된다.
그러니 오직 세상에서 지극히 정성을 다하는 사람만이
나와 세상을 변하게 할 수 있는 것이다."
중용 제23장에 있는 것을
영화 '역린'에서 정조 역할을 맡은 현빈이 한 대사이다.
영화에서 언급한 중용 제23장의 제목은 人道로,
그 원문은 다음과 같다.

其次는 致曲이니, 曲能有誠하면 誠則形하고,
形則著하면 著則明하고,
明則動하고, 動則變하고,
變則化하니, 唯天下에 至誠이라야 爲能化이니라.

이것을 해석하면 다음과 같다.
 '그 다음은 한쪽으로 치우진 것을 지극히 하는 것이니,
 한쪽으로 치우진 것이 능히 성실하게 되면
 성실한 것이 겉으로 드러나고,
 겉으로 드러나면 더욱 드러나고,
 더욱 드러나면 밝게 되고,
 밝게 되면 상대를 감동시키게 되고,
 상대가 감동되면 상대가 따르게 되고,
 상대가 따르게 되면 자연스럽게 변하게 된다.
 오직 천하에서 지극히 성실하여야
 능히 자연스럽게 변하게 된다.'

성경에도 위와 유사한 말씀이 있다.
 지극히 작은 것에 충성된 자는 큰 것에도 충성되고
 지극히 작은 것에 불의한 자는 큰 것에도 불의하니라
 - 누가복음 16장 10절 -

내가 할 일이 비록 작은 일일지라도 최선을 다해야 한다.
결국 이 세상은 그렇게 작은 일에
최선을 다하는 사람들이 이끌어가는 것이다.

인생은 시소게임이다

인생은 시소게임과 같아서,
내가 올라가려면 상대방이 무거워야 한다.
그렇게 나보다 상대방을 무겁게 하려면
상대방을 더 배려해야 하고, 더 존중해야 한다.

어느 구름에 비가 내릴지 모른다.
상대방이 잘 되도록 지극히 섬기자.
상대방도 여러 가지 모습으로 당신을 도울 것이다.

이처럼 세상은 더불어 사는 세상이다.

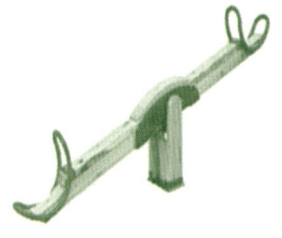

고스톱을 잘 하자

나는 군검찰관시보를 강원도 인제군 기린면에 있는
3군단에서 했다.
그때는 20여 년전 호랑이 담배피던 시절이라 …
동료들끼리 고스톱을 참 많이 했다.
GO할지 STOP할지 고민 많이 했다.
그런데 우리네 인생살이도 고스톱의 연속인 것 같다.
STOP해야 할 때 GO했다가 고박을 쓰는 경우가 많다.
멈추어야 할 때는 STOP하면 많이 손해 보는 것 같고,
GO하면 더 이익이 날 것 같아도 반드시 멈춰야 한다.
고스톱이야 다음에 또 기회가 있지만,
우리네 인생살이에는 연습이 없다.
고스톱을 잘 하는 것,
그것이 인생을 지혜롭게 잘 사는 길이다.

항상 맑으면 사막이 된다

항상 맑으면 사막이 된다.
비가 내리고 바람이 불어야만 비옥한 땅이 된다.
- 스페인 속담 -

변호사업무를 하는 나는 하루에도 수많은 사람들을 만난다.
맑은 사람, 비가 내리고 바람이 부는 사람,
심지어 거센 눈보라가 치는 사람도 있다.
마음 아픈 사연을 듣다 보면
나도 모르게 눈물을 흘릴 때도 있다.
물론 나의 삶에도 비가 내리고, 거센 바람도 불었었다.
누구에게나 무거운 십자가가 있는 것 같다.
우리가 건강을 잃었을 때 건강의 소중함을 더 잘 알 수 있듯이
힘든 시간을 겪어봐야 평범한 일상이 얼마나 소중한 지 알 수 있다.
그렇게 어떤 것을 잃기 전에 그 소중함을 알기 위해서는
습관적으로 범사에 감사하는 마음을 가져야 한다.
그러면 사막에 혼자 서 있게 되더라도 감사함을 잃지 않을 것이다.

항상 기뻐하라 쉬지 말고 기도하라 범사에 감사하라
이것이 그리스도 예수 안에서 너희를 향하신 하나님의 뜻이니라
- 데살로니가전서 5장 16~18절 -

내일 일은 내일이 염려할 것이요

그러므로 내일 일을 위하여 염려하지 말라
내일 일은 내일이 염려할 것이요
한 날의 괴로움은 그 날에 족하니라
- 마태복음 6장 34절 -

내가 힘들 때마다 힘이 되어준 성경말씀이다.
오늘 나에게 주어진 것에 감사하고,
오늘 내가 해야 할 일에 마음을 다하고,
오늘 내가 만나는 사람을 사랑하자.
물론 감사한 마음이 들지 않을 때도 있을 것이다.
그럼에도 불구하고, 우리는 감사한 마음을 갖도록 노력해야 한다.
감사하는 마음만 있으면,
오늘 하루 행복할 수 있기 때문이다.
오늘 행복하고, 내일은 내일 행복하면 된다.
그 행복한 하루하루가 쌓여서 나의 행복한 인생이 될 것이다.

내가 헛되이 보낸 오늘 하루는
어제 죽은 이들이 그토록 바라던 내일이다.
내가 아직 세상에 살아 있는 동안에는
나로 하여금 결코 헛되이 살지 않게 하라.
- 랄프 왈도 에머슨(Ralph Waldo Emerson) -

아즈 함 바후트 쿠스헤

인도 사람들은 내가 행복하다는 사실을 매 순간 기억하는 일이 곧 행복한 삶을 영위하는 것이라고 생각한다.
그래서 "아즈 함 바후트 쿠스헤(오늘 나는 무척 행복하다)"와 "Are you happy?"는 인도 사람들이 입에 달고 산다고 한다.
언제 쯤 나는 행복하게 될까?
어느 곳에 가면 행복하게 될까?
행복은 애써 찾아가야 하고,
기다려야 하는 존재가 아닌 내 자신 안에 있다.
지금 행복하라.
지금 있는 그 곳에서 행복하라.
사람은 행복하기로 마음먹은 만큼 행복하다.
링컨 대통령의 말이다.
행복과 불행은 사람의 마음 가운데 살고 있다.
내가 불행하다고 생각하면 불행한 것이고,
내가 행복하다고 생각하면 행복한 것이다.

행복하기 때문에 웃는 것이 아니라,
웃기 때문에 행복한 것이다.
- 윌리엄 제임스(William James) -

걱정에 물들지 않는 연습을 하라

걱정하고 염려한다고 해서
그것들이 해결된다면
석달 열흘이라도 그렇게 할 것이다.
각자의 삶터에서 할 수 있는 것을
마음을 다하여 하고,
나머지는 하나님께 맡기는 삶을 살자.

걱정없는 인생을 바라지 말고,
걱정에 물들지 않는 연습을 하라.
- 프랑스 철학자 알랭(Alain) -

나침반은
항상 북쪽을 향한다

나침반은 항상 북쪽을 향한다.
평상시는 나침반이 필요 없겠지만,
산이나 바다에서 길을 잃었을 때
꼭 필요한 것이 나침반이다.
우리네 인생살이에도 인생의 나침반
즉, 올바른 삶의 방향이 필요하다.
과연 어떻게 사는 것이 올바른 삶일까?
나만 행복하기 위한 삶이라면 과연 동물과 다를 바가 무엇일까?
이웃의 행복을 위해 사는 것이 올바른 삶 아닐까?
내 가까이에 있는 사람들을 둘러보자.
배우자, 자식, 부모형제, 친구, 회사동료 등
수 많은 나의 이웃이 있다.
삶의 나침반 방향을 이웃의 행복에 두자.
오늘부터 나의 이웃들에게 뭐 한 가지라도 해주자.
그들을 위해 기도라도 해주자.
그들을 행복하게 해주는 것이, 곧 내가 행복해지는 지름길이다.
기왕 도와주는 거 마음을 다해 도와주자.

떨어지지 않는 사과

1991년 가을, 연이은 태풍으로
일본 아오모리현(青森縣)의 사과가 90% 정도 떨어졌다.
애써 재배한 사과를 90% 정도를 팔 수 없게 되자
사과를 재배한 농민들은 깊은 슬픔에 빠졌다.
하지만, 그 때도 결코 슬퍼하지 않은 한 사람이 있었다.
그 사람은 떨어지지 않은 나머지 10%의 사과에
'떨어지지 않는 사과'라는 이름을 붙여
수험생에게 10배나 비싸게 판매했다.
그 결과는 '떨어지지 않는 사과'라는 이름 때문에
수험생들에게 폭발적인 인기를 얻어 오히려 이익을 냈다.
그는 태풍으로 땅바닥에 떨어진 90%의 사과를 의식하지 않고,
떨어지지 않은 10%의 사과를 보았던 것이다.
어디를 보느냐에 따라서 인생이 달라진다.

세상만사 마음먹기에 달려있다.
내가 가지지 못한 것에 대해 불평할 것이 아니라
지금 내가 갖고 있는 것에 대해 감사하자.
주머니는 가난해도 마음만은 부자로 살자.
힘들고 지쳐 고개조차 들을 수 없을 때도
파란 하늘 한번 쳐다보고
다시 시작하자.
물론 하다가 안될 수 있다.
그럼 또 하자.
지성이 지극하면 돌에도 꽃이 핀다고 했다(북한 속담).
지성(至誠)이면, 감천(感天)이다.

허들링 (Huddling)

남극과 북극 어디가 더 추울까?
같은 극지방이지만 바다가 언 상태인 북극해와 달리
땅 위에 얼음이 쌓여있는 남극이 더 춥다.
남극 평균기온은 영하 23도이고,
영하 89도까지 내려간 때도 있었다.
그래서 여름철에는 얼음이 녹는 북극과는 달리
남극은 1년 내내 눈이 녹지 않는다.
더군다나 남극에는 블리자드(blizzard)라 불리는
초속 20m 이상의 강풍과 눈보라가 친다.
남극에 사는 황제펭귄은 표면의 두꺼운 지방층, 촘촘한 솜털,
뒷깃털과 큰깃털, 깃털 속의 기름 성분 때문에
방수가 되어 물에 젖지 않아 추위를 잘 견딘다.
그렇지만 강풍이 불면 체감온도는 더욱 내려가기 때문에
아무리 황제펭귄이라 하더라도 혼자서는 추위를 이겨내기 힘들다.
보통 황제펭귄은 눈보라치는 겨울에 암컷이 알을 낳고 사냥을 가고,
수컷은 알을 품으며 암컷이 돌아오기를 수개월 동안 기다린다.
그 때 황제펭귄은 허들링이라는 단체행동을 한다.

허들링(Huddling)이란 알을 품은 황제펭귄들이 한데 모여
서로의 체온으로 혹한의 겨울 추위를 견디는 방법으로
무리 전체가 돌면서 바깥쪽과 안쪽에 있는 펭귄들이
계속해서 서로의 위치를 바꾸는 것이다.
가로 1m, 세로 1m의 면적에 펭귄 21마리 가량이 들어가
바깥쪽에 있는 펭귄들이 체온이 떨어질 때
서로의 위치를 바꾸는 방법으로 한겨울의 추위를 함께 극복한다.
이렇게 하찮은 동물도 함께 살아가고 있다.

그런데 우리네 세상은 어떠한가?
대립과 갈등이 너무 심하다.
"너도 죽고, 나도 죽자" 식이다.
이 문제의 시발점은 가정이다.
우리 가정부터 바뀌어야 한다.
우리 아이들에게 예절을 가르쳐야 한다.
지금 많은 중고등학생들이 자신의 부모에게 반말을 한다.
이는 부모를 배려하지 않는 무례한 태도이다.
부모를 배려할 줄 모르는데, 어찌 남을 배려하겠는가?
부모들도 내 아이만 잘 하면 된다는 마음가짐은 버리자.
함께 더불어 사는 법을 가르쳐 줘야 한다.

그런 점에서 지금의 특목고, 자사고 제도는 폐지되어야 한다.
국영수 잘하는 아이들 모아놓고,
이 나라, 이 민족의 미래에 대해 얼마나 가르치는가?
서울대 몇 명 보내고, 의대 몇 명 보내는 것이
명문고의 척도가 되어서는 안된다.
공부 잘하는 아이와 공부 못하는 아이,
집이 가난한 아이와 집이 부유한 아이,
운동 잘하는 아이와 운동 못하는 아이가 어울어져서 공부하고
또 함께 더불어 생활하도록 해야 하지 않을까?

서울만 살기 좋은 나라가 아닌
땅끝 마을까지 살기 좋은 나라를 만들어야 한다.
대기업은 골목상권까지 침범하는 행위를 멈추고,
하청업체인 중소기업도 잘 살게 해줘야 한다.
대기업 노조도 귀족노조라는 오명을 벗어라.
노조조차 구성하지 못하는 진짜 보호받아야 할
노동자를 배려해야 한다.

여야 정치인들도 마찬가지다.
정당의 목표는 정권획득이 아닌
 '국민의 행복' 이어야 한다.
제발, 나라 생각 좀 하라.
제발, 내 생각도 틀릴 수 있음을 알라.
국민을 가르치려 하지 말고 섬겨라.
이 나라가 당신들만의 나라는 아니지 않는가!

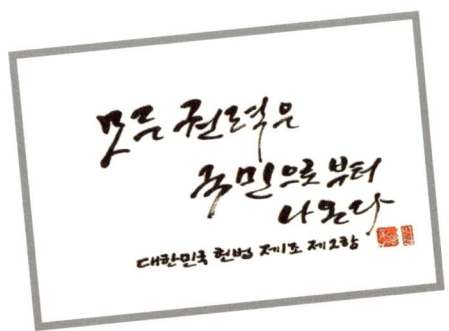

스프링벅(Springbok) 현상

스프링벅(springbok)은 남아프리카에서 서식하는
작은 영양을 말한다.
어느 날 스프링벅 수백 마리가 집단 떼죽음을 당하는
사건이 발생했다.
아프리카의 초원에서 풀을 뜯어 먹으며 생활하는 스프링벅은
대형 무리를 형성하고, 시속 94km 빠른 발을 가지고 있어,
치타조차도 쉽게 잡지 못한다.
그런 스프링벅에게 일어난 집단 떼죽음의 원인을 밝혀내기 위해
과학자들이 연구한 결과, 놀라운 사실을 발견하게 된다.
선천적으로 식욕이 왕성한 스프링벅은
무리를 지어서 풀을 먹곤하는데,
뒤에서 풀을 먹던 녀석은 앞에서 먹는 녀석보다
더 많은 풀을 먹기 위해 더 빨리 앞으로 달려 나갔고,
앞에 있던 녀석은 자리를 빼앗기지 않기 위해
그 보다 더 빨리 앞으로 나가게 되고,
그렇게 수백마리가 목적을 상실한 채 사력을 다해 달리다가
강이나 절벽으로 뛰어 들어가 떼죽음을 당한 것이다.

그렇게 스프링벅처럼 맹목적으로 이유도 모른 체 따라 하기만
급급한 모습을 보고, '스프링벅 현상'이라고 부른다.

우리네 인생살이도 스프링벅과 다를 바 없는 것 같다.
왜 사는지, 무엇을 위해 살아가야 하는지 고민 없이
우리는 그냥 밤낮으로 뛰고 있다.
각자의 삶이 다르기에 각자가 이루는 것도 다를 수밖에 없는데,
우리는 남들과 비교하면서
조급해 하고, 불안해 하고, 아쉬워 한다.
겨울에 피는 동백꽃은 봄에 피는 벚꽃을 보고 부러워하지 않는다.
사람도 호박꽃의 삶이 있을 수 있고, 들꽃의 삶이 있을 수 있는데,
우리들은 모두 화려한 벚꽃이 되지 못함을 아쉬워한다.

인생은 속도가 아니라 방향이다.
내가 어떻게 살았고,
또 어떻게 살지가 중요하다.
조금 늦게 도착하면 어떤가?

더불어 함께 가고,
더불어 함께 행복하게 살자.

가끔은 허리띠 풀어놓고 살자

한정된 인생 한 순간도 그냥 스치게 하지 마라.
빈 그릇을 들 때는 가득 찬 물을 들듯 하고,
빈 방을 들어갈 때에는 어른이 있는 듯이 들어가라.

인터넷에서 자주 볼 수 있는
"말로 다할 수 없는 인생"이라는 글의 일부이다.
참 많은 것을 생각하게 하는 멋진 글이다.
그렇지만 가끔은 허리띠 풀어 놓고 지내야 하지 않을까?
가끔은 친구들과 수다 떨면서 살자.
그래서 인생살이에는 마음 편히 만날 수 있는 친구가
꼭 필요한 것 같다.
이성이 아니더라도 생각만 해도 기분 좋은 친구가 있다.
"친구란 내 슬픔을 등에 지고 가는 사람"이라는
인디언 속담이 있듯이
친구는 나의 슬픔을 없애주는 진통제이기 때문이다.
친구는 나의 불행의 비를 막아주는 우산이다.

바로 지금

나무심기에 가장 좋은 때는 20년 전이었다.
그 다음으로 좋은 때는 바로 지금이다.
- 아프리카 속담 -

해야 할 일은 바로 지금 하는 것이 상책이다.
그런데 그렇게 실천하지 못하는 것도 우리들의 모습이다.
그럼 어떻게 해야 할까?
그렇게 하지 못함을 후회만 하면서 살아가야 할까?
 "내일 지구의 종말이 온다 해도
나는 오늘 한 그루의 사과나무를 심겠다"는 말처럼
우리는 지금 작은 나무 한 그루라도 심어야 한다.
희망을 심어야 하고,
희망조차 가질 수 없으면, 하나님께 기도라도 해야 한다.
경부고속도로 주변에 있던 광고문이 기억난다.

왜 걱정하십니까? 기도할 수 있는데

좋은 사람 만나기

좋은 사람을 만나면 행복하다.
누구나 좋은 사람을 만나고 싶어 한다.
좋은 사람을 만나는 첩경은 바로 내가 좋은 사람이 되는 것이다.
유유상종(類類相從)이라는 말이 있듯이
사람은 끼리끼리 놀게 되어 있다.
결국 내가 좋은 사람이 되어야 좋은 사람을 만날 수 있는 것이다.
내 주변에 좋은 사람이 없다고 불평할 것이 아니라
그 때는 나 자신을 돌아봐야 한다.

무엇이든지 남에게 대접을 받고자 하는 대로
너희도 남을 대접하라 이것이 율법이요 선지자니라
- 마태복음 7장 12절 -

왜 코끼리는 작은 말뚝에 묶여있을까?

코끼리 사육하는 곳을 가보면
코끼리가 작은 말뚝에 묶여 있는 것을 볼 수 있다.
힘이 쎈 코끼리가 왜 그 작은 말뚝에 묶여 있을까?
그 코끼리는 어려서부터 말뚝에 묶여서 사육 받았기 때문에
당연히 빠져나갈 수 없다고 생각하기 때문이다.
사람도 마찬가지 아닐까?
　'나는 할 수 없어' 라고 생각을 하는 순간부터
결코 할 수 없게 된다.

　정주영 현대그룹 회장의 어록이 생각난다.
"불가능하다고?
해보기는 했어?
시련이지 실패가 아니야."

개미 하는 것을 보고 지혜를 얻으라

게으른 자여 개미에게 가서
그가 하는 것을 보고 지혜를 얻으라
개미는 두령도 없고 감독자도 없고 통치자도 없으되
먹을 것을 여름 동안에 예비하며
추수 때에 양식을 모으느니라
게으른 자여 네가 어느 때까지 누워있겠느냐
네가 어느 때에 잠이 깨어 일어나겠느냐
좀더 자자, 좀더 졸자, 손을 모으고 좀 더 누워있자 하면
네 빈궁이 강도같이 오며 네 곤핍이 군사같이 이르리라
- 잠언 6장 6~12절 -

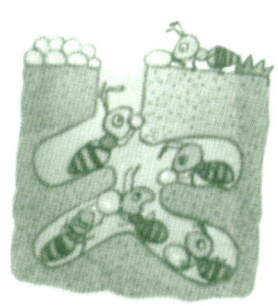

사람의 마음은 대개 비슷한 것 같다.
서 있으면 앉고 싶고, 앉아 있으면 눕고 싶고,
누워 있으면 자고 싶고,
자고 있으면 더 자고 싶은 것이 인지상정(人之常情)이다.
개미도 먹을 것을 예비하며 양식을 모으는데,
하물며 만물의 영장이라는 인간이
손을 모으고 누워만 있으면 어떻게 하나?
일단 시작하자.
그것이 작은 일이든, 큰 일이든 당장 시작하자.
기왕 하는 거 마음을 다해 하자.
기도도 간절히 하자.
그것들은 우리가 당장 할 수 있는 일들이다.

사람이 마음으로 자기의 길을 계획할지라도
그의 걸음을 인도하시는 이는 여호와시니라
- 잠언 16장 9절 -

바다는 3.5% 염분 때문에 짜다

태초의 바닷물은 짠물이 아니고 민물이었는데,
암석으로부터 용해된 염분이 바다로 흘러 들어가
점차 짠물로 변했다고 한다.
흔히 염분이라고 하면 소금을 먼저 생각하는데,
염분은 바닷물에 녹아 있는 염류들을 모두 합한 것을 말한다.
일반적으로 바닷물 1,000g에 약 35g의 염분이 있는데,
짠 바다는 염분도가 높고, 묽은 바다는 염분도가 낮다.
또한 어떤 바다든지 그 속에 녹아 있는 온갖 염류들
즉, 염화나트륨 77.7%, 염화마그네슘 10.8%, 황산마그네슘 4.8%,
황산칼슘 3.7%, 황산칼륨 2.5%의 비율은 어느 정도 일정하다고 한다.
우리가 사는 세상에도 바다처럼 여러 부류의 사람들이 존재한다.
좋은 사람과 나쁜 사람, 여당 지지자와 야당 지지자,
부자와 가난한 자, 노인과 청년 등 수많은 사람들이 함께 살아간다.
그래도 이 세상이 살만한 이유는
최소한 3.5% 이상의 좋은 사람들이 있기 때문 아닐까?
우리 서로 이 세상의 소금이 되도록 마음을 다하자.

만약 이 세상에 여당 지지자들만 산다면 모두 행복할까?
과연 여당 하나만 존재하는 1당 독재체제가
과연 좋은 정치체제일까?
다수가 지배하는 세상은 다수에게는 좋은 세상이지만,
소수에게는 힘들고 고된 세상일 수도 있다.
그래서 우리는 소수를 존중해줘야 한다.

2008년도 통계이지만,
장애인 중 후천적 장애 발생비율이
전체 장애원인의 약 90%라고 한다.
지금도 그 비율은 비슷할 것 같다.
우리는 살다가 얼마든지 장애를 얻을 수 있고,
또한 그 장애를 가진 가족의 일원일 수 있는 것이다.
그런데 사람들은 내 집 근처에 장애인 시설이
들어오는 것을 반대한다.
집값이 떨어진다는 이유다.
그렇게 해서 집값은 지킬 수 있을지 모르지만,
결코 그 곳은 살기 좋은 세상은 아니다.

왜 더불어 살려고 하지 않는가?
소수가 잘 살 수 있는 세상은
다수가 더 잘 살 수 있는 세상이다.
동물과 식물도 남과 손을 잡기 싫어하는 종은 소멸하고,
남과 손을 잡은 종은 오늘날까지 살아남았다고 한다.
남과 손을 잡아야 같이 살아갈 수 있다는 것을
미물들이 인간들에게 가르쳐 주고 있는 것이다.

여당은 야당을, 야당은 여당을 존중해가면서
더 나은 세상을 만드는 것이 새정치 아닐까?
나만이 새정치를 할 수 있다는 자만은 버려라.
또한 상대방은 나와 생각이 다를 수 있음을 인정해 주자.
싸울 때 싸우더라도 예의는 지키자.
예의는 상대방에 대한 최소한의 배려이다.

제발 더불어 살자.
우리 사회 3.5%의 소수를 존중해 주자.
그것이 우리 모두가 더 행복하게 사는 길이다.

다 때가 있다

다 때가 있다.
공부할 때가 있고, 일할 때가 있고, 죽을 때가 있다.
때에 맞게 사는 삶이 지혜로운 삶이다.
그럼 때를 놓쳤을 때는 어떻게 해야 할까?
때를 놓쳤다고 느꼈을 때가 가장 빠른 때다.
지금 시작해도 늦지 않다. 지금이 가장 좋은 때이다.

범사에 기한이 있고 천하 만사가 다 때가 있나니
날 때가 있고 죽을 때가 있으며
심을 때가 있고 심은 것을 뽑을 때가 있으며
죽일 때가 있고 치료할 때가 있으며
헐 때가 있고 세울 때가 있으며
울 때가 있고 웃을 때가 있으며
슬퍼할 때가 있고 춤출 때가 있으며
돌을 던져 버릴 때가 있고 돌을 거둘 때가 있으며
안을 때가 있고 안는 일을 멀리 할 때가 있으며
찾을 때가 있고 잃을 때가 있으며
지킬 때가 있고 버릴 때가 있으며
찢을 때가 있고 꿰맬 때가 있으며
잠잠할 때가 있고 말할 때가 있으며
사랑할 때가 있고 미워할 때가 있으며
전쟁할 때가 있고 평화할 때가 있느니라
- 전도서 3장 1~8절 -

코람 데오 (coram Deo)

코람 데오는 라틴어 'coram Deo'로
coram은 '앞에' 라는 뜻이고,
Deo는 '하나님'을 뜻한다.
즉, 이 두 단어를 합치면 '하나님 앞에서' 라는 뜻이 된다.
'언제나 하나님 앞에서' 라는 자세로 살라는 말이다.

사람들이 범죄 할 때 하나님 앞이라고 생각하면
결코 범죄하지 못할 것이다.
보는 눈이 없다고 생각하니까 범죄하는 것 아닐까?
우리 모두가 예수님처럼 되고,
성인군자가 될 수는 없겠지만,
각자의 삶 속에서 하나님 앞이라고 생각하고 언행을 한다면
우리 사는 세상은 더 살기 좋은 세상이 될 것이다.

"coram Deo"

키위새 (Kiwi bird)

뉴질랜드의 나라새인 키위새(Kiwi bird)는
닭 정도의 중간 크기에 날지 못하는 새로
주금류(走禽類)에 속하는 새 중 가장 크기가 작다.
뉴질랜드의 고유종으로 뉴질랜드의 남쪽과 북쪽 섬에 분포해 있다.
뉴질랜드를 상징하는 국조로 동전, 우표,
그 밖에도 중요 생산물의 상표 등에 그려진다.
아열대성의 온화한 기후의 삼림지대,
바다 근처의 황야, 풀숲에 서식한다.
키위새는 날개가 있어도 날지를 못한다.
천적이 없어 오랫동안 날지 않아 퇴화한 것이다.
지금 우리를 고통스럽게 하는 모든 것들은
우리 꿈의 날개가 퇴화하지 않도록 하는 고마운 천적이 아닐까?

코이의 법칙

관상어 중 '코이' 라는 물고기가 있다.
이 물고기는 자라는 환경에 따라 크기가 달라진다.
작은 어항에 넣어두면 5~8cm 밖에 자라지 못하지만,
강물에 방류하면 90~120cm까지 자라는 물고기다.
같은 물고기인데도 불구하고,
어항에서 기르면 피라미가 되고,
강물에서 자라면 대어가 되는 참 신기한 물고기다.
사람도 '코이' 처럼 환경에 영향을 많이 받는 것 같다.
어떤 사람을 만나고,
어떤 교육을 받느냐에 따라 삶이 많이 달라지기 때문이다.
무엇보다도 어떤 꿈을 꾸느냐에 따라
삶의 모습이 판이하게 달라진다.
지금 많이 힘든가?
그렇다면 도저히 이룰 수 없을 것 같은 꿈을 한번 가져 보자.
그 꿈을 이루기 위해 오늘 당장 할 수 있는 것을 해보자.
지금 당장 기도는 할 수 있지 않는가?
생각하는 대로 이루어질 것이다.
안된다고 생각하면 절대 안된다.
꿈은, 그 꿈을 꾸는 자의 것이다.

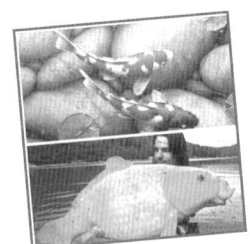

호박벌

호박벌은 뒤영벌과 곤충으로 몸길이는
암컷은 19~23mm, 수컷은 약 20mm이다.
호박벌은 배가 볼록하게 튀어나온 뚱뚱이지만,
꿀을 모으기 위해 하루에 200km 이상도 날아다닌다.
호박벌은 다른 벌에 비해 몸통이 크고 뚱뚱한 반면,
날개는 작기 때문에 공중에 떠 있는 것 자체가 놀라운 일이다.
호박벌은 태어나자마자
다른 벌들의 날갯짓을 보고 자신도 날갯짓을 하는데,
일반적인 날갯짓으로는 결코 날아오를 수 없기 때문에
더욱 빨리 날갯짓을 한다.
그렇게 수없이 날갯짓을 하면서
날개 안쪽에 튼튼한 근육을 만들어
날아오를 수 있게 되는 것이다.
호박벌이 태어나자마자 그렇게 빠른 날갯짓을 하는 것은
본능일 것이다.

그에 비해 우리 인간들은 어떤가?
대부분 첫돌을 맞이할 때까지는 걷지도 못한다.
요새는 대학에 들어가고,
사회생활을 하면서도 부모의 도움을 필요로 한다.
인간들이 그렇게 하는 것도 본능일까?
아니다.
그건 지금의 부모들이 그렇게 만든 것이다.
호박벌처럼은 아니더라도
자기 할 일은 자기 스스로 하게 해야 한다.
과자 먹은 후 그 과자봉지를 쓰레기통에 버리는 것,
아주 중요하다.
나 아닌 남을 배려하는 마음은
그렇게 작은 일부터 시작된다.
우리 아이들에게 스스로 하는 법을
그리고 더불어 사는 법을 가르쳐야 한다.

소와 사자의 사랑이야기

소와 사자가 있었습니다.
둘은 죽도록 사랑했습니다.
둘은 혼인해 살게 되었습니다.
둘은 최선을 다하기로 약속했습니다.
소는 최선을 다해서 맛있는 풀을 날마다
사자에게 대접했습니다.
사자는 싫었지만 참았습니다.
사자도 최선을 다해서 맛있는 살코기를 날마다
소에게 대접했습니다.
소도 괴로웠지만 참았습니다.

참을성은 한계가 있습니다.
둘은 마주 앉아 얘기합니다.
문제를 잘못 풀어놓으면 큰 사건이 되고 맙니다.
소와 사자는 끝내 헤어지고 맙니다.
헤어지며 서로에게 한 말.
"난 최선을 다 했어."

소가 소의 눈으로만 세상을 보고,
사자가 사자의 눈으로만 세상을 보면,
소의 세상, 사자의 세상일 뿐이다.
나 위주로 생각하는 최선,
그 최선은 최악을 낳고 만다.

또한 소와 사자는 처음부터 서로 만나지 말았으면
더 좋았을 것이다.
소는 소와 살아야 하고, 사자는 사자와 살아야 한다.
나와 맞는 사람을 배우자로 선택하는 것도 삶의 지혜다.

이제 시작이야

호서대학교 설립자 강석규 선생은 65세 퇴직 후
'이제 다 살았다. 남은 인생은 그냥 덤이다.' 라는 생각으로
그저 고통없이 죽기만을 기다리면서 살았다고 한다.

그런데 그가 95세 되었을 때 하고 싶었던 어학공부를 시작했다.
10년 후 맞이하게 될 105번 째 생일 날 95살 때
왜 아무것도 시작하지 않았는지 후회하지 않기 위해서 이다.

그는 만일 자신이 퇴직할 때
앞으로 30년을 더 살 수 있다고 생각했다면
그렇게 희망없는 30년을 보내지 않았을 것이라면서
후회의 눈물을 흘렸다고 한다.

죽음을 미리 대비하는 것도 좋지만
그렇다고 해서 그냥 시간만 보내는 삶은 올바른 태도가 아니다.
죽음을 진짜 잘 준비하는 것은 삶을 진짜 잘 사는 것이다.

삶과 죽음은 동전의 양면이다.
요즘은 퇴직 후 제2의 멋진 인생을 사는 분이 많다.
나도 늙어 죽을 때까지 변호사 일을 하고 싶다.
변호사 일은 모두가 남을 돕는 일이기 때문이다.

 "남을 위해 어떤 훌륭한 일을 시작할 때까지는
결코 성공을 했다고 볼 수 없다"
는 라이온스클럽 창시자 멜빈 존스(Melvin Jones) 말처럼,
변호사 일 외 내가 이웃을 위해
무엇을 할 수 있을 지를 찾아보겠다.

"We serve."(라이온스클럽 모토)

한 통에 4달러

미국의 석유회사 스탠더드에
애치볼드(Archbold)라는 사원이 입사했는데,
얼마 후 그의 별명은 '한 통에 4달러'가 됐다.
'한 통에 4달러'는 스탠더드의 광고 문구였다.
애치볼드는 출장 갈 때마다
호텔 숙박부에 자신의 이름을 적으면서 옆에 작은 글씨로
'한 통에 4달러, 스탠더드입니다'라는 문구를
빠뜨리지 않고 기록한 사실이 알려지면서 생긴 별명이다.

그 소문이 회사의 사장인 석유왕 록펠러의 귀에 들어갔고,
그런 열정을 가진 직원이 있다면 한 번 만나보자고 했다.
그 자리에서 록펠러는
"당신처럼 일에 열중하는 사원과 함께 일해 보고 싶다"고
제의했고, 그 일을 계기로 록펠러가 은퇴했을 때
애치볼드가 뒤를 이어 석유왕이 되었다.

무슨 일은 하든 주인의식이 필요하다.
애치볼드는 그냥 내가 다니는 회사가 아닌
'내 회사'라는 마음으로 일했을 것이다.
지금 내가 하는 일이 가장 소중하고, 중요한 일이다.
무슨 일을 하든 마음을 다해 주께 하듯 하자.

　무슨 일을 하든지 마음을 다하여
　주께 하듯 하고 사람에게 하듯 하지 말라
　- 골로새서 3장 23절 -

소록도 천사 두 할매

고흥반도 남단의 녹동항으로부터 남쪽으로 약 400m,
배로 10분 거리에 있는 섬(지금은 다리가 놓였다).
모양이 어린 사슴을 닮았다고 하여 지어진 소록도(小鹿島).
그 곳은 지난 1916년
100여명의 사람들이 강제 격리된 비극의 섬이었다.
그들은 한센병, 흔히 문둥병으로 불리던 병을
앓고 있었기 때문이다.

소록도의 환자들은 3번 죽는다고 한다.
첫 번째는 한센병 때문이요,
두 번째는 죽은 후 시신 해부요,
세 번째는 장례 후 화장이다.
자고 일어나면 발가락이 하나씩 떨어져 나가고,
살이 썩고, 뼈가 녹는다는 한센병.
그러나 그들을 더 아프게 한 것은
사람들의 차가운 시선이었다.

한센병은 나균에 의해 감염되는 만성 전염성 질환으로,
나균이 원인 병원체이다.
이는 가족 내의 장기간의 긴밀한 접촉으로 인해
전파되는 것으로 알려졌으나,
정확한 감염 경로는 아직 밝혀지지 않았다.
단지 상기도나 상처가 있는 피부를 통해
나균이 침입하는 것으로 추측되고 있다.

그런데, 과거 한센병은 곁에만 있어도
전염된다는 오해로 100여명이었던 격리인원은
1959년에 6,000명으로 불어났다.
하지만 당시 그들을 돌보는 의료진은 고작 5명이었다.
그 누구도 선뜻 들어가길 꺼려하던 소록도에
20대 여성 두 명이 스스로 찾아왔다.
그것도 지구 반대편 오스트리아에서 온
간호사 마가렛과 마리안 수녀였다.
오스트리아 인스브루크 국립간호학교 출신인
두 수녀는 기숙사 룸메이트였다고 한다.
1959년 마리안 수녀가 소록도에 첫발을 디딘 3년 후인
1962년 마가렛 수녀가 소록도를 찾았다.

의사와 간호사들도 접촉을 기피하는
환자들의 피고름을 짜고 약을 바르는 두 수녀의 손은
늘 맨손이었다.
맨 손이라야 약을 꼼꼼히 바를 수 있다는 이유로.
오후에는 손수 죽을 쑤고, 과자도 구워서
바구니에 담아 들고 마을을 돌았다.
약이 모자라면 오스트리아에 호소해 약을 가져와 치료했고,
소록도의 쓰러져가는 집들을 두 팔 걷어 직접 고치기도 했다.

또한 두 수녀는 수녀회에서 보내오는 생활비까지
환자들 우유와 간식비,
그리고 성한 몸이 돼 떠나는 사람들의 노자로 나눠주고,
한센인 자녀를 위한 유아원을 운영하는 등
보육과 자활정착사업에도 헌신하였다.
그렇지만, 두 수녀가 묵었던 3평 남짓한 방에 있는 것은
작은 장롱 하나뿐이었다.

소록도 사람들은 전라도 사투리에 한글까지 깨친
두 수녀를 '할매'라고 불렀다.
꽃다운 20대부터 수천명의 한센병 환자의 손과 발이 되어 살아왔는데,
지금은 여든 할매가 됐다.

두 수녀는 자신의 선행이 들어나는 것을 원치 않아
번번이 상이나 인터뷰를 번번이 물리쳤지만,
오스트리아 정부 훈장은 주한 오스트리아 대사가
섬까지 찾아와서 어쩔 수 없이 받았다고 한다.
심지어 병원 측이 마련한 회갑잔치마저 '기도하러 간다'며 피했다.

조용히, 꾸준하게 이어온 두 수녀의 선행은 무려 40여년간 계속되었고,
그 사이 6,000명에 달하던 환자들은 600명으로 줄었다.
그리고 2005년 11월 21일 두 할매 수녀는
편지 한 장만 남긴 채 소록도에서 사라졌다.

사랑하는 동무, 은인들에게

이제는 저희들이 천막을 접어야 할 때가 왔습니다.
한국에서 같이 일하는 외국 친구들에게
소록도에서 제대로 일할 수가 없고
자신들이 부담을 줄 때는 본국으로 돌아가는 것이
좋겠다고 자주 말해 왔습니다.
이제는 우리가 그 말을 실천할 때라고 생각합니다.
이 편지를 보는 당신에게 하늘만큼 감사합니다.
부족한 외국인에게 사랑과 존경을 보내주셨습니다.
같이 지내면서 우리의 잘못으로
마음 아프게 해드렸던 일에 대해 용서를 빕니다.
- 항상 감사하는 마음으로 마리안, 마가렛 올림 -

나이가 많아져 더 이상 자신들이 도움을 줄 수 없을 뿐 아니라
오히려 짐이 된다고 생각한 두 수녀는
편지 한 장만 남긴 채
아무도 모르게 고국 오스트리아로 돌아간 것이다.
두 수녀의 귀향길에는 소록도에 올 때 가져왔던
해진 가방 한 개만 들려 있었다고 한다.

최근 두 수녀를 방문한 한 청년을 통해서 알려진 사실은,
마리안 수녀님은 소록도를 떠날 당시 대장암 판정을 받았는데,
짐이 되고 싶지 않아서 떠났다고 한다.
또한 치매로 요양원에 계시는 마가렛 수녀님도
여전히 그 때의 기억을 잊지 않고 계셨다.

"요즘엔 나이가 들어서 기억이 잘 안 나는데,
한국말과 소록도는 잊혀지지 않아요.
잊을 수가 없지. 너무 행복했으니까 ..."

아래 글은 소록도병원 간호사실 문에 적힌 글이라고 한다.

너를 위하여 나는 무엇이 될까
네 등불이 되어
네 별이 되어
달이 되어
네 마스코트처럼
네가 마주보는 거울처럼
나는 네가 되고 싶다
우린 서로 지켜보는 사람이 되고 싶다

이웃을 내 몸처럼, 아니 그 이상으로 사랑한
소록도 천사 두 할매 수녀님은 떠나는 날까지
자신들이 마음 아프게 해드렸던 일에 대해 용서를 빌고 있다.
아낌없이 주었음에도 더 주지 못한 것을 미안해하는 것,
그것이 사랑 아닐까?
나는 너를 위해 무엇이 될까를 고민하는 것,
그리고 우리가 서로 지켜봐주는 것,
그것이 사랑이다.
사랑하다 죽자.
죽도록 사랑하다 죽자.

다쉬라트 만지히
(Dashrath Manjhi

우공이산(愚公移山)은 우공이 산을 옮긴다는 뜻으로,
어떤 일이든 끊임없이 노력하면
반드시 이루어짐을 이르는 말이다.
우공(愚公)이라는 노인이 집을 가로 막은 산을 옮기려고
대대로 산의 흙을 파서 나르겠다고 하여
이에 감동한 하느님이 산을 옮겨주었다는 데서 유래한다.

인도에서 우공이산(愚公移山)을 실천한 사람이 있다.
다쉬라트 만지히(Dashrath Manjhi)이다.
그는 학교 문턱도 밟은 적 없고,
자기 땅 한 뼘이 없는 가난뱅이 시골 촌로이다.
이런 그가 유명해진 것은 '바깥 세상을 향한 길' 때문이다.
바위산을 뚫어 마을과 마을을 연결하는 길을 닦은 것이다.
그가 사는 가흘로우르 마을은 산으로 둘러싸인 분지여서
오랫동안 외부와 왕래가 쉽지 않았다.
마을에서 가장 가까운 읍내에 가려 해도
산을 돌아 88km를 걸어야만 했다.

다쉬라트 만지히는 혼자서,
정 하나와 망치 하나로 22년 동안
마을을 둘러싼 바위산을 뚫어 길을 냄으로써
마을과 읍내를 연결했다.
바위산을 뚫기 위해 만지가 처음 정을 손에 든 것은
그가 20대 후반인 1960년이었다.
만지의 아내가 산에서 굴러 떨어져
이마를 다쳐 피를 많이 흘렸는데,
치료할 약도 방법도 없었고,
병원을 가자니 피흘리는 환자를 둘러메고
산을 에둘러갈 수도 없었다.
결국 아내는 죽었다.
남은 건 일곱 살 아들과 세살배기 딸이었다.
"눈물? 눈물도 안 나왔어. 그저, 길이 없어서 그랬다,
읍내로만 갔으면 죽지는 않았을 거라는 생각만 들더구만.
장례를 어찌어찌 치르고 나선 정을 들고 바위를 쪼기 시작했지.
두 번 다시 그런 일이 없어야 된다는
그 생각 하나로 매달린 거지."

그렇게 시작한 공사는 20년을 훌쩍 넘어
1982년에 가서야 끝났다.

완공된 길은 총길이 915m, 평균 너비 2.3m에 이르렀고,
최고 9m 깊이까지 바위를 파냈다.
그는 길이 완공된 뒤 정부에서 수여하겠다고 한
상과 상금도 모두 거부했다.

"상을 왜 주는지 모르겠더군, 내 할 일을 한 거야 나는.
게다가 사지 육신 멀쩡한데 뭐 하러 돈(상금)을 얻어 쓰나.
이제껏 하루 벌어 하루 먹기에 불편한 것 없이 살았어.
더 가질 필요가 뭐가 있나.
길 만들었다고 종이 나부랭이 주지 말고,
다른 동네에 길이나 하나 내도록 해야 할 것 아닌가."

그는 2007년 80세를 일기로 세상을 떠났지만,
그의 언행 하나 하나가 우리를 숙연하게 한다.
22년 동안 이웃을 위해 정과 망치로 바위산을 뚫은 것을
내 할 일을 한 것이라고 말하는 그는 진정 위대한 성인이다.

진짜 성공한 사람은 남을 성공하게 하는 사람이다.
나 아닌 이웃을 행복하게 하고자 마음은
곧 나를 행복하게 하는 마음이다.

꽃잔디(moss pink) 사랑이야기

매년 봄이 되면 일본 TV와 지역신문에는 미야자키현(宮崎縣)
신토미 마을에 있는 한 주택이 등장한다.
이 주택을 둘러싼 3.2km의 핑크빛 꽃잔디(moss pink) 때문이다.
이 주택에는 86세 구로키 도시유키와 76세 야스코 노부부가 산다.
유명 관광지도 아닌 개인 주택에 불과한데도
꽃잔디가 만개할 때는 주말에만 3,000~5,000명 방문객이
정원을 꽉 채운다. 왜 그럴까?

구로키 도시유키 부부는 1956년 중매 결혼하여
슬하에 세 자녀를 두고, 농사를 짓고, 20년간 낙농업을 하면서
단 둘이서 젖소 농장을 꾸려왔다.
결혼 30주년을 맞아 구로키 도시유키 부부는
일을 조금 줄이고, 일본의 유명 관광지를 여행하기 위해
오랫동안 돈을 조금씩 모았다.
그러던 중 야스코가 52세 되었을 때 당뇨 합병증으로
눈이 완전히 멀어버렸다.

그 충격으로 활발한 성격이었던 야스코는
말수가 점점 줄고, 웃지도 않게 되었다.
구로키 도시유키도 혼자 60마리 젖소를 돌보는 것이
불가능해 농장일도 접어야 했다.
설상가상으로 야스코는 점점 더 우울해 했고,
집에 틀어박혀 아무와도 대화를 나누지 않았다.
그런데 야스코가 병원에서 퇴원한 뒤 처음 맞는 봄,
사람들이 정원으로 몰려왔다.
알고 보니 구로키 도시유키가 작년에 오렌지나무를
지지하려고 심어 놓은 꽃잔디를 보러 온 구경꾼들이었다.
순간 그는 정원에 꽃잔디를 가득 채우면
구경하러 오는 사람들이 아내의 말벗이 되어 줄 것이라고
생각을 하고, 그 때부터 하루도 쉬지 않고 꽃잔디를 심었다.

그 후 10년간 분홍 꽃이 만발한 꽃잔디 정원에 대한
입소문이 퍼져서, 구로키 도시유키 부부의 주택을
찾는 사람들이 계속 늘어났고, 꽃 대궐의 안주인이 된 야스코는
손님들과 활발하게 대화를 나눴다.
그 정원이 아내의 미소를 되찾아 준 것이다.
또한 구로키 도시유키는 산책길, 난간, 벤치도 손수 만들어
야스코가 매일 아침마다 안전하게 산책하도록 했다.
그는 매일 정원에서 일을 하면서,
아내를 비롯한 사람들의 미소에서 행복을 찾는다.
단지 혼자만의 힘으로 이 모든 것을 이루어냈다.
방문객들도 꽃잔디의 아름다움 보다
노부부의 아름다운 사랑 이야기에 더 감동을 받는다고 한다.

- facebook에 올라온 사연 -

나이 들어 볼품없는 할머니가 되었고,
더군다나 눈까지 멀어버린 아내에게 웃음을 되찾아주려고,
구로키 도시유키는 20년간 정원을 가꿨다.
이처럼 사랑은 '지금' 내가 해줄 수 있는 것을 해주는 것이다.

사랑은 돈을 많이 벌어서 나중에 하는 것이 아니다.
사랑은 지금 하는 것이다.
내일 일은 모른다.
오늘 사랑하다 죽자.
그래서 더 아름답게 지자.

세종대왕도 국민투표를 실시했다

세종대왕은 세종26년 1444년에 실시한 공법(貢法)
즉, 전국 각 도를 토질에 따라 나누고,
27종 토지등급에 따라 각각 다른 세율로써 조세를 거두어 들이는
지세제도를 실시하기 전에 백성들을 상대로 투표를 실시하여
찬성 98,657명, 반대 74,149명으로 통과시켰는데,
당시 세종대왕이 하신 말씀을
지금의 위정자들은 마음 깊이 새겨야 할 것이다.

"백성들이 좋지 않다면, 이를 행할 수 없다."

정치인들이 국민들로부터 욕을 먹는 이유는
국민들의 입장이 아닌 자신들의 입장에서 행동하기 때문이다.
정말 국민들의 편에서 생각하고 행동한다면
국민들은 그 정치인을 지지할 것이다.
정치인들은 이번이 마지막 봉사라고 생각하고,
국민들만 바라보고 정치를 했으면 좋겠다.
그러면 국민들은 그 정치인을 또 지지할 것이다.
또한 위정자들은 국민들을 가르치려 하지 말고,
국민들의 뜻을 온전히 받들어야 할 것이다.

나를 더 빛나게 해줄
사람을 만나자

상대를 잘못 만나면
자기 자신을 버리면서까지
밑바닥을 구경할 수 있지만
좋은 사람을 만났을 땐
내가 생각했던
그 이상의 나를 만날 수도 있다.
나를 더 빛나게 해줄 사람을 만나자.

인터넷에서 떠도는 유명한 글이다.
맞는 말이다.
좋은 사람을 만나야 한다.
그렇지만 내가 좋은 사람이 되어야만 좋은 사람을 만날 수 있다.
물론 살다보면 나는 좋은 사람인데 나쁜 사람을 만날 수 있다.
그 때는 빨리 그 사람 곁을 떠나야 한다.
정 들면 정 떼기가 어려운 것이 사람관계지만,
그가 법적으로 떠날 수 없는 가족이 아니라면
그 사람 곁을 바로 떠나야 한다.
사람은 쉽게 변하지 않는다.

마음의 주인이 되자

제 몸도 제 마음대로 하지 못하는데
어리석은 사람은 자식과 재물과 남을
제 마음대로 하려다 괴로움에 빠진다.
- 법구경 -

참 맞는 말씀이다.
정욕, 식욕, 과시욕, 명예욕, 수면욕 ...
그렇게 내 몸도 내 마음대로 못하면서
자식과 재물, 남을 내 마음대로 하려했다.
그러고 보면 나는 참 어리석은 사람이다.
그렇게 하면 어리석은 행동이라는 것을 알면서도
지금도 그 잘못을 반복하고 있다.
오늘부터라도 그 어리석음을 줄여 가자.
작은 마음이라도 마음의 주인이 되자.

관상은 심상만 못하고,
심상은 덕상만 못하다

不如身好
身好不如心好
心好不如德好

얼굴 좋은 것이 몸 건강한 것만 못하고,
몸 건강한 것이 마음 착한 것만 못하며,
마음이 착한 것이 덕성이 훌륭한 것만 못하다.

중국 당나라 때 마의선인(麻衣仙人)이 쓴
일종의 관상학 책인 마의상서(麻衣相書)에 나오는 내용이다.
하루는 마의선인이 길을 걷고 있는데
나무를 하러 가는 젊은 머슴의 관상을 보니
죽음의 그림자가 드리워져 있었다.
그래서 마의선인은 머슴에게
 "얼마 안 가서 죽을 것 같으니,
너무 무리하게 일하지 말라"고 당부했다.

머슴이 그 말을 듣고 낙심하고 있을 때
산 계곡물에 떠내려 오는 나무껍질 속에서
수많은 개미떼가 물에 빠지지 않으려고 발버둥치는 것이 보였다.
머슴은 자신의 처지와 비슷한 개미들에게 연민의 정을 느끼고,
나무껍질을 물에서 건져 개미떼를 모두 살려주었다.

며칠 후 마의선인은 우연히 그 머슴을
다시 마주치게 되었는데, 이게 웬일인가,
그의 얼굴에 어려 있던 죽음의 그림자는 사라지고,
부귀영화를 누릴 관상으로 변해 있었던 것이다.
마의선인은 그 머슴이 개미떼를 구해준 이야기를 듣고,
크게 깨달아 마의상서 마지막 장에 남긴 것이 바로 위 글귀이다.

남을 배려하고, 덕을 베풀면 사람의 관상도 변한다고 한다.
주위 좋은 사람들 얼굴을 보면 참 맑다.
마음의 거울이 곧 얼굴이기 때문이다.
남을 돕는 것이 곧 나를 돕는 길이다.

근주자적 근묵자흑
(近朱者赤 近墨者黑)

아들 중학교 아버지모임에 갔다 와서
아들이 PC방에 안가고,
게임에 중독되지 않은 것에 대해 칭찬했더니
아들이 대뜸 "근묵자흑이죠"라고 말한다.

중학생도 아는 근주자적 근묵자흑(近朱者赤 近墨者黑)
즉, '붉은색을 가까이하는 사람은 붉은색으로 물들고,
먹을 가까이 하는 사람은 검어진다'는 원칙을
우리들은 얼마나 지키고 있을까?
변호사를 하다보면 사기당한 피해자를 많이 만나게 되는데,
대부분의 피해자들은 近朱者赤 近墨者黑의 원칙을
지키지 않아서 당하는 경우가 많다.

나쁜 사람들과 어울리다보면 나쁜 사람이 되거나
많은 피해를 보게 된다.
나쁜 사람은 설득하려 하지 말고, 반드시 피해야 한다.
피할 수 있으면 나쁜 자리나 환경도 피해야 한다.
나쁜 행동도 피해야 하고, 나쁜 말도 피해야 한다.

또한 행복하게 사는 지름길은
행복한 사람 곁에 있는 것이다.
아무리 삶의 무게가 감당하기 힘들지라도
감사하는 마음은 잃지 말자.
감사하는 마음을 갖고 사는 사람이
행복한 사람이고,
그 행복한 사람 곁에 있으면
내 마음도 감사함이 넘치게 된다.

근자열 원자래
(近者說 遠者來)

중국 춘추전국시대 초나라에 섭공(葉公)이라는 제후가 있었다.
그런데 당시 초나라에는 백성들이 국경을 넘어 다른 나라로 떠나
인구가 줄어들고, 세수(稅收)가 줄어들었다.
초조해진 섭공이 공자에게 물었다.
"선생님, 날마다 백성들이 도망가니 천리장성을 쌓아서 막을까요?"
그러자 공자는 '근자열 원자래(近者說 遠者來)'
여섯 글자를 남기고 떠났다고 한다.
近者說 遠者來는
　'가까이 있는 사람을 기쁘게 하면 멀리 있는 사람이 찾아온다'
는 뜻이다.
2,500년이 지난 요즘 세상에도
　'近者說 遠者來' 공자님 말씀은 유효하다.
지금 내 곁에 있는 사람이 가장 소중한 사람이다.
행복은 전염성이 매우 강하다.
내 곁에 있는 사람을 행복하게 해주면,
그 사람 곁에 있는 사람들도 덩달아 행복하게 된다.
그렇게 우리 모두가 서로가 서로를 행복하게 해주면,
결국 내가 행복하고, 우리 모두가 행복하게 될 것이다.

불환빈 환불균
(不患貧 患不均)

불환빈 환불균(不患貧 患不均)은
송나라 유학자 육상산(陸象山)의 말인데,

"백성은 가난함을 근심하는 것이 아니라
고르지 않음을 근심한다"는 뜻이다.

논어(論語)의 계씨편(季氏篇)에도
不患寡而患不均 不患貧而患不安
(불환과이환불균, 불환빈이환불안) 이라는 말이 있다.

'위정자는 백성이 부족한 것을 걱정하지 말고
불평등한 것을 걱정하며,
백성이 가난한 것을 걱정하지 말고,
불안해하는 것을 걱정하라' 는 뜻이다.

정의란 무엇인가에 대해 수많은 학자들이
개념을 달리 정의하고 있으나,
일응 정의는
"같은 것은 같게, 다른 것은 다르게 하는 것"이다.
법관이 정의롭게 판결하고,
위정자가 정의로운 정책을 펼친다면
국민은 다소 자신에게 불리할지라도 수긍할 것이다.

위정자는 국민을 가르치려 하지 말고,
스스로 정의로운 자가 되도록 노력하라.
우리 국민은 분명 그런 당신을 다시 지지할 것이다.

제2편

삶을
아름답게하는 것들

단 한번의 사랑 (김홍신 소설) • 죽어도 사장님이 되어라(김영환/김승민 책) 무엇이 성공인가 (Emerson 시) • 약해지지 마 (しばたとよ 시) • 나 하나 꽃피어 (조동화 시) 나는 행복합니다 (배영희 시) • 그 사람을 가졌는가 (함석헌 시) • 마음이 아름다우니 세상이 아름다워라 (이채 시) • 풍경달다 (정호승 시) • 방문객 (정현종 시) • 모든 순간이 꽃봉오리인 것을 (정현종 시) • 사랑하라, 한번도 상처받지 않은 것처럼 (Suja 시) • 세월이 일러주는 아름다움의 비결 (Sam Levenson 시) • 벼랑 끝으로 오라 (Christopher Logue 시) • 10월의 어느 멋진 날에 (Secret Garden 원곡) • 위대한 약속 (리아킴 노래) • 내가 만일 (안치환 노래) • 조약돌 (박상규 노래) 나는 행복한 사람 (이문세 노래) • 주님 손 잡고 일어서세요 (김석균 찬양) • 소나무 (독일 민요) 너는 내 옷을 입고 내 대신 살아다오 (연극 '衣') • 영화 '히말라야' • 영화 '연평해전' • 영화 '국제시장' 영화 '님아, 그 강을 건너지 마오' • 영화 '버킷리스트' (Bucket List) • 다큐멘터리 '일사각오 주기철' (KBS)

단 한번의 사랑
(김홍신 소설)

하늘은 내가 생각한 만큼 큽니다.
인생도 마찬가지로 내가 생각한 대로 살아집니다.
내가 해답을 줄 수도 없고,
강시울 씨가 해답을 만들어줄 수도 없어요.
오로지 홍 교수의 문제니까요.

- 김홍신 장편소설 '단 한번의 사랑' 중에서 -

소설 '단 한번의 사랑'은
삶을 어떻게 살 것인가 대해 고민하게 하고
또 그에 대한 명답을 찾아가는 참 재미있는 책이다.
이 책에서 김홍신 선생님은 당신이 독자들에게 하고 싶은 말을
티나지 않게 하고 있다.
예컨대 "어쩌면 인간은 불행에 저항하기 위해
사랑을 만들었는지도 모른다."
"결혼은 상대방 덕 보려고 하지 말고
내가 상대에게 어떻게 잘 해줄 건지만 생각해."

"사람들이 죽을 때 가장 크게 후회하는 것이
하고 싶은 걸 못해본 거래요.
할 수 있는데, 해도 그만인데, 하면 되는 걸 왜 안하지요?"
"인생에는 정답이 없어요. 명답을 찾아가는 게 인생인데
명답은 남이 찾아주지 않아요. 내가 찾아야 하지요."
소설의 주인공들인 홍시진과 강시울
그리고 서다정의 삶을 통해 우리네 인생살이를 돌아보게 한다.
결혼을 앞 둔 홍시진과 서다정 사이에
어느 날 갑자기 유명 여배우이자 명문가로 시집갔던
홍시진의 옛 애인 강시울이
"자신은 폐암 말기라서 활동할 수 있는 시간이
얼마 남지 않았기에 남편과 이혼하고 그 사람을 만나겠다"고
기자회견을 하는 것부터 소설은 시작한다.
인생은 선택의 연속이다.
작가는 '어떤 선택을 하든 결과는 언제나 공평하기에
어떤 선택이 좋다고 말할 수 없다'고 한다.
여러분이 홍시진이라면 어떤 선택을 하겠는가?
'단 한번의 사랑'은 소설책이라기 보다는 삶의 지침서이다.
책을 읽고 나면 독자 여러분 모두가 도인(道人)이 되어 있을 것이다.
정말 사람이 꽃이라면, 사랑은 꿀이다.

죽도록 사랑하다 죽자!!

죽어도
사장님이 되어라
(김형환/김승만 책)

《죽어도 사장님이 되어라》의 저자 김형환 교수는
'회사가 필요로 하는 사람이 되지 말고
회사를 필요로 하는 사람이 되어야 한다'고 주장한다.
아래 글은 저자의 글 내용의 일부를 그대로 인용한 것이다.

1. 인재는 죽는다!

장수의 상징적인 나이에 불과하던 100세는 이제 현실이 되어가고
있다. 준비하는 자에게는 축복이지만 준비되어 있지 않은 사람에게
긴 수명은 재앙이다. 지금 이 책을 보고 있는 독자들 중 절대다수는
40대에는 현재 직장에서 나와야 한다. 그리고 50대 중반에는
임원으로 승진한 1%를 제외한 99%가 회사를 떠나야 한다.
40대에 새로운 직장을 구하기란 정말 하늘에 별 따기처럼 어렵다.
50대는 더 말할 것도 없다. 다행히 재취업, 이직을 한다고 해도
거기서 또 얼마나 일을 할 수 있을지는 알 수 없다.

이것이 인재가 죽는다고 주장하는 이유다.
모든 인재가 죽는 것은 아니지만 거의 모든 인재가 죽는다.
그렇다면 어떻게 해야 하는가. 마냥 죽을 날만 기다리는 사형수처럼
초조하게 시간을 보내야만 하는가. 그럴 수는 없다.
한 번 태어난 소중한 나의 인생이다. 답은 하나밖에 없다.
 '사장님'이 되어야 한다. 고용되는 사람이 아닌, 스스로 자신과
다른 사람을 고용하고 주체적으로 가치를 창출해내는,
사장님이 되어야 한다. 규모가 큰 사업을 할 수도 있고 혼자 하는
1인 기업이 될 수도 있다. 확실한 것은 회사라는 공간을 떠나
독립해야 한다는 것이다.

2. 평범한 당신을 비범한 사장님으로 만들어줄 기막힌 실행 24가지

(1) 서점에 가라
독서의 최종 목표는 당신의 책을 내는 것, 책을 읽으며 만든
멋진 인생을 다시 멋진 책으로 세상에 내놓는 것이다.

(2) 매일 거절하라
술 약속을 거절하라. 텔레비전을 거절하라. 게으름을 거절하라.
그리고 지금, 당신이 사장이 되는 선택을 하라.
미래에 사장이 되느냐 마느냐는 오늘의 선택과
그것을 위한 거절에 달려 있다.

(3) 매일 거질당하라
사업을 한다는 것은 거절의 연속이다.
거절 앞에서 당당하고 담대해 져야 한다.
감정에 휘둘릴 일이 아니라 부족한 점을 '생각' 해야 한다.

(4) 싫어하는 선배를 만나라
사업을 하려는 사람은 포용력이 커야 한다.
능력있는 사람이 개인적으로 싫어하는 사람일 수도 있다.
꼭 만나야할 사람이 나와 맞지 않은 사람일 수도 있다.
사업은 좋아하는 사람과 하는 게 아니라 능력 있는 사람과 하는 것이다.
그들과 함께 일을 하자면 포용력이 있어야 하고
자신을 내려놓을 줄 알아야 포용력이 커진다.

(5) 박람회에 가라
"이 제품의 장점은 뭔가요?" 이런 방식으로 (박람회장)
10개 부스만 다니면 당신은 해당 분야에 기본적인 식격을 갖게 된다.
아주 효과적이고 집중도가 높은 학습 방식이다.
중요한 것은 단편적인 지식이 아니라 식견이라는 것이다.
그들의 말에는 해당 분야의 현재와 미래가 담겨 있다.
이를 통해 당신의 사업의 미래도 예측해 볼 수 있다.
어차피 사회는 서로 연관을 맺으며 한 덩어리로 돌아가기 때문이다.

(6) 세미나에 가라

박람회가 넓이를 위한 것이라면 세미나는 깊이를 위한 것이다.
넓이만 있고 깊이가 없으면 못하는 일은 없는데 잘하는 일은
하나도 없는 사람이 된다. 관심이 없던 분야에 가는 박람회와 달리
세미나는 관심 분야에 가야 한다. 현재 자신이 하고있는 일을
더 잘하기 위한 세미나도 좋지만, 나는 자신의 꿈과 연관된
세미나를 권한다.

(7) 퍼즐을 하라

하루가 바뀌면? 인생이 바뀐다.
1,000조각짜리 퍼즐도 한 조각에서 시작해 한 조각으로 끝나듯이,
인생도 10분에서 시작해 10분으로 끝난다.

(8) 나만의 오두막을 찾아라

당신의 꿈에는 데드라인이 있어야 한다. 데드라인이 없으면
그냥 바라보는 것일 뿐 꿈은 아니다.
그 꿈을 이룰 세부 목표에는 데드라인이 있어야 한다.
언젠가는 이룰 것이라고 하는 목표는 언제까지나 이뤄지지 않는다.
이뤄지더라도 데드라인을 정한 목표보다는 늦어질 수밖에 없다.

(9) 바탕화면을 정리하라

당신이 사업을 시작할 때나 사업을 하는 중에 어떤 결정을 내릴 때

정보에 휩쓸리면 옳은 판단을 할 수 없다.
판단은 지혜와 통찰로 하는 것이고 지혜와 통찰은 사소하지만
과감한 'format'에서부터 시작된다.

(10) 10년전 사진을 보라
아래의 질문에 직접 대답을 적어보라.
머릿속으로만 생각하지 말고 꼭 종이에 적어야 한다.
• 10년 전에 몇 살이었는가?
• 10년 전에 무엇을 하는 사람이었는가?
• 10년 전에는 어디에 살고 있었는가?
• 10년 전에 자주 어울리던 사람은 누구인가?
• 10년 전의 당신은 10년 후에 자신이 어떤 사람이 되어있을
거라고 생각했는가?
• 10년 전 당신을 만난다면 무슨 이야기를 해주고 싶은가?

(11) 혼자서 SF영화를 보라
SF영화는 어느 정도 현재의 기술과 상황에서 미래를 예측하지만
여기서 독자들이 사장님이 되기 위한 미래 예측을 하기란
불가능하다. 핵심은 '미래에 대한 환기'다.
놀랍게도 인간은 지독하게도 미래에 대해 무감각하다.
계속해서 의도적으로 주의 환기를 하지 않으면
마치 자신이 영원히 현재의 나이에 머물러 있을 것처럼,
세상이 2010년에 고착된 것처럼 생각한다.

〈범죄의 재구성〉에서 염정아가 연기한 '구로동 샤론 스톤'이
영화가 끝날 때 했던 말을 기억하는가.
"사기는 테크닉이 아니라 심리전이다. 그 사람이 뭘 원하는지
그 사람이 뭘 두려워하는지 알면 게임 끝이다."
'사기'라는 말 대신 '사업'이라는 말을 넣어도
전혀 무리가 없지 않은가. 아니 기막힌 정의가 아닌가.
"사업은 테크닉이 아니라 심리전이다. 소비자들이 뭘 원하는지,
소비자들이 뭘 싫어하는지 알면 사업은 성공한다."

(12) 내 시간의 단가를 계산하라
지금 독자들이 할 일은 내 시간의 가치를 정확하게 계산하고
그것을 투자 가치가 충분한 곳에 투여하는 것이다.
시간 투자의 3원칙은 매일, 일정한 시간, 꿈을 위한 곳에
투자하는 것이다.

(13) 4살짜리와 놀아라
4살짜리와 그들이 원하는 만큼 놀아주려면 일단 무릎을 꿇어야 한다.
굴복의 뜻이 아니다. 눈높이를 맞추는 것이다.

(14) 경제신문 헤드라인을 스캔하라
경제신문 헤드라인은 그 날의 가장 중요한 경제뉴스를 담고 있다.
한 달 간격으로 혹은 6개월, 1년을 두고 스캔을 한 다음
그 제목만 일별해도 경제의 흐름을 파악할 수 있다.

(15) 모교 초등학교에 가라

초등학교 때 돈을 많이 벌 수 있어서 의사가 되겠다고 생각했는가,
안정적인 직장이라서 선생님이 되고자 했는가. 아니다.
의사가 되어서 아픈 사람을 고쳐주고 당시 존경했던 선생님처럼
되고 싶어서였다. 자본주의 사회에서 사업을 하면서
돈을 생각하지 않을 수는 없다. 하지만 돈을 먼저 보면
성공할 가능성보다 실패할 가능성이 더 높다.
돈보다 사람, 달리 말하면 소비자의 욕구를 먼저 볼 줄 알아야
성공의 문이 열린다.

(16) 인터넷 동호회에 가입하라

동호회는 자신이 즐길 수 있는 종목이 좋다.
그게 무엇이든 자신이 흥미를 가지고 있는 분야를 선택하라.
그리고 그런 동호회를 찾아 두 개 이상 가입을 하고
각기 두 번 이상 오프라인 모임에 나가 보라.
거기서 전문성과 문화성, 그리고 인맥을 봐야 한다.

(17) 블로그를 하라

블로그를 한다는 것은 세상에 자신의 생각, 경험, 느낌, 지식을
아웃풋하는 것이다. 아웃풋이 나오려면 반드시 인풋을 해야 한다.
넣지 않았으니 나오는 것이 없고 나오는 것이 없으면
블로그에 쓸 내용도 없다. 블로그는 인풋의 바로미터인 셈이다.

(18) 공항에 가라
먼저 생각의 크기를 키워라. 직장인이라고 직장인의 마인드만
가지면 거기서 벗어날 수 없다. 결국에는 굶어죽는 인재가 되고 만다.
글로벌 마인드를 가진 직장인이 되어라.
사장님의 마인드를 가진 직장인이 되어라.
그러기 위해서 보는 사람을 바꾸고 가는 장소를 바꿔야 한다.
공항에 가서 지구적인 사업을 하는 비즈니스맨들 보는 것만으로도
막혀 있던 생각이 뚫릴 것이다.

(19) 투자유치 이력서를 써라
중학생이 성공할 확률이 아주 높은 사업계획서를 들고 간다면
누가 투자를 하겠는가. 직장생활에서 별다른 성과를 내지도
못했고 눈에 띄는 이력도 없는 사람이라면 어떻겠는가.
당신이 투자자라고 생각해보라. 당연히 사업을 진행할 사람의
이력도 중요한 판단 기준으로 생각할 것이다.

(20) 자신의 업무를 아웃소싱하라
자신의 업무가 아웃소싱이 가능하다는 것은 어떤 뜻인가?
그것은 개별 사업화가 가능하다는 뜻이다.
당신은 훗날 사장님이 될 사람이다.
직원으로만 있을 생각이라면 아웃소싱은 위험요소지만
직장생활을 통해 쌓은 전문지식으로 창업을 할 생각이 있다면
기회요인인 것이다.

(21) MP3플레이어의 음악을 지워라

나는 내 강의를 듣는 사람들에게 자주 이런 이야기를 한다.
"가수가 되고 싶으면 노래를 들어라."
"CEO가 되고 싶으면 CEO가 하는 말을 들어라."
"외국어를 잘하고 싶으면 외국어를 들어라."
먼저 음악 파일을 지워라. 일단은 비워야 채울 수 있다.
용량이 크니까 음악을 놔두어도 된다고 생각하지 마라.
오로지 하나의 목표를 위한 도구로 변화시켜라.

(22) 백화점에 가라

우리는 백화점에서 구체적인 데이터를 얻으러 가는 것은 아니다.
백화점에서 키워야 하는 건 안목이다. 특히 디자인에 대한
안목은 하루아침에 공부를 한다고 길러지는 게 아니다.
좋은 디자인, 여성들이 좋아하는 디자인을 자주, 주의 깊게
보는 사이 자신도 모르게 길러진다.

(23) 동화를 읽어라

당신에게도 스토리가 필요하다.
지나간 시간은 이미 우리의 통제권을 벗어났다.
우리가 만들 수 있는 스토리는 현재와 미래 뿐이다.
어쩌다보니 그렇게 되었어요, 상황에 몰려서 이렇게 되었어요
라는 식으로는 멋진 스토리가 나오지 않는다.

당신의 꿈을 향해 의미있는 인풋을 실행해 나갈 때,
그것이 모여 찬란한 꿈을 완성시킬 때 비로소 당신의 지나간 인생은
상품으로도 손색이 없는 스토리가 된다.
그 스토리는 다른 누군가의 꿈이 될 것이다.
지금까지의 인생이 마음에 들지 않는가.
괜찮다. 지금부터 시작이다.
내 인생의 멋진 반전을 기대하고 꿈꾸고 실행하라.

(24) 퇴사하는 날짜를 정하라(에필로그)
사장님이 되기로 결심했다면 먼저 퇴사하는 날짜를 정하라.
생각만 하지 말고 다이어리와 방에 정확한 날짜를 적어두라.
미래의 그 시점에 멋지게 회사를 그만두고 사장님이 되는
당신의 모습을 눈앞에 보듯이 그려보라.
매일 상상하고 매일 구체화시켜라.

무엇이 성공인가
(Emerson 시)

To laugh often and much;
to win the respect of intelligent people
and the affection of children;
to earn the appreciation of honest critics
and endure the betrayal of false friends;
to appreciate beauty;
to find the best in others;
to leave the world a bit better,
whether by a healthy child,
a garden patch or
a redeemed social condition;
to know even one life has breathed easier
because you have lived.
This is to have succeeded.

자주 그리고 많이 웃는 것
현명한 이에게 존경을 받고
아이들에게서 사랑을 받는 것
정직한 비평가의 찬사를 듣고
친구의 배반을 참아내는 것
아름다움을 식별할 줄 알며
다른 사람에게서 최선의 것을 발견하는 것
건강한 아이를 낳든
한 떼기의 정원을 가꾸든
사회 환경을 개선하든 자기가 태어나기 전보다
세상을 조금이라도 살기 좋은 곳으로
만들어 놓고 떠나는 것 자신이
한 때 이곳에 살았음으로 해서
단 한 사람의 인생이라도 행복해지는 것
이것이 진정한 성공이다.

에머슨(Emerson)의 'Success'라는 시다.

에머슨이 말하고 있는 것,
하나 하나가 모두 성공으로 보인다.
그런데 에머슨은 진정한 성공을
 '자신이 한 때 이곳에 살았음으로 해서
단 한 사람의 인생이라도 행복해지는 것' 이라고 표현한다.

빌 게이츠와 워렌 버핏도 대학생들과 대화중
"진정한 성공이란 무엇인가" 라는
질문에 대해 두 사람 모두
"가까운 사람에게서 사랑받는 것이 진정한 성공이다"
라고 대답한 바 있다.

결국 내가 가까운 사람을 행복하게 하면
내가 성공한 것이고,
그 사람이 나를 사랑해도
내가 성공한 것이다.
결국 내가 이웃을 지극히 사랑하는 것이
사랑하는 자와 사랑받는 자 모두가 행복하고, 성공하는 길이다.
그래서 우리는 서로가 서로에게 사랑의 빚을 지고 사는 것이다.

약해지지 마
(しばたとよ 시)

있잖아,
불행하다고
한숨짓지 마
햇살과 산들바람은
한 쪽 편만 들지 않아
꿈은 평등하게 꿀 수 있는 거야
나도 괴로운 일많았지만
살아 있어 좋았어
너도 약해지지 마

92세에 처음 시를 쓰기 시작해,
98세에 첫 시집 '약해지지마(くじけないで)'를 발간한
시바타 도요(しばたとよ) 할머니가 쓴 시다.
1911년 도치기시에서 부유한 가정의 외동딸로 태어난
시바타는 10대 때 아버지의 가산 탕진으로 인해
갑자기 학교를 그만두고 일터로 향해야 했고,
20대에 한차례 결혼과 이혼의 아픔을 겪었다.

33세에 요리사 남편을 만나 외아들을 낳고,
재봉일 등을 하며 살아왔다.
평생 글 쓰는 일과는 무관하게 살아온 시바타는
남편과 사별 후 아들의 권유로
92세에 처음 시를 쓰기 시작했다.

그녀는 2009년 자신의 장례비용으로 모아 둔 100만 엔을 들여
첫 시집 <약해지지 마>를 출간했다.
시 속의 유머 감각과 긍정적인 태도가 호평을 받으면서
2010년 대형출판사가 삽화와 작품을 추가해
총 42편이 수록된 시집을 다시 펴냈고,
그 시집은 일본에서 158만 부가 판매되었다.
시바타는 지난 2013년 1월 향년 102세의 나이로 소천했다.

아름다운 시바타 도요 할머니의
'저금(貯金)'이라는 시를 통해
우리는 지극히 서로 돕고 살아가야 함을 느낄 수 있다.
나도 지금부터 저금해야겠다.
사람들의 친절을 …

나 말야, 사람들이
친절하게 대해주면
마음 속에 저금해 두고 있어
외롭다고 느낄 때
그걸 꺼내
힘을 내는 거야
당신도 지금부터
저금해봐
연금보다
나을테니까

나 하나 꽃피어
(조동화 시)

나 하나 꽃피어
풀밭이 달라지겠느냐고
말하지 말아라
네가 꽃피고 나도 꽃피면
결국 풀밭이 온통
꽃밭이 되는 것 아니겠느냐

나 하나 물들어
산이 달라지겠느냐고도
말하지 말아라
내가 물들고 너도 물들면
결국 온 산이 활활
타오르는 것 아니겠느냐

조동화 시인의 '나 하나 꽃피어' 라는 시다.
나 하나 바꾼다고 뭐가 달라질까?
나 하나 바꾼다고 세상이 달라지지 않는 경우가 대부분일 것이다.
그렇지만 우리 각자가 그렇게 바꾸지 않으면,
앞으로도 이 세상은 전혀 바뀌지 않을 것이다.
무단횡단 하지 않기,
길가에 휴지 버리지 않기,
감사하는 마음 갖기,
사랑의 말하기 등
당장 우리가 할 수 있는 것부터 실천하자.
우리 아이들에게도 서로를 배려하는 삶이
서로가 행복할 수 있는 첩경임을 가르치자.
이런 작은 행동들이 서로 서로 실천할 때
이 세상은 더 따뜻한 세상이 될 것이다.

더불어 사는 세상이,
더불어 행복한 세상이다.

나는 행복합니다
(배명희 시)

아무 것도 가진 것 없고,
아무 것도 아는 것 없고,
건강조차 없는 작은 몸이지만
나는 행복합니다.
세상에서 지을 수 있는
죄악 피해갈 수 있도록
이 몸 묶어 주시고,
외롭지 않도록 당신 느낌 주시니
말할 수 있고, 들을 수 있고, 생각할 수 있는
세 가지 남은 것은
천상을 위해서만 쓰여 질 것입니다.
그래도 소담스레 웃을 수 있는 여유는
그런 사랑에 쓰여 진 때문입니다.
나는 행복합니다.
나는 행복합니다.

19살에 뇌막염을 앓아 앞을 보지 못하는
전신마비 중증장애인이었던 배영희 엘리사벳이 지은
'나는 행복합니다' 라는 시다.

배영희님은 충북 음성꽃동네에 들어가 살다가,
1999년 12월에 소천했다.
이 시는 그녀가 죽기 한 해 전인 36세에 지은 시로
많은 사람들에게 감동과 위안을 안겨준다.

나도 군법무관시절 음성꽃동네에 봉사활동 갔다가
배영희님을 뵌 적이 있다.
손이 참 따뜻한 분이었다.
아무 것도 가진 것이 없는 분이었지만,
천국의 소망을 가진 행복한 분이었다.

우리도 오늘 하루 감사한 마음으로 행복하게 살자.
내일은 내일 행복하구 ...

그 사람을 가졌는가
(함석헌 시)

만리 길 나서는 길
처자를 내맡기며
맘 놓고 갈 만한 사람
그 사람을 그대는 가졌는가

온 세상이 다 나를 버려
마음이 외로울 때에도
「저 맘이야」하고 믿어지는
그 사람을 그대는 가졌는가

탔던 배 꺼지는 시간
구명대 서로 사양하며
「너만은 제발 살아다오」 할
그 사람을 그대는 가졌는가

불의의 사형장에서
「다 죽어도 너희 세상 빛을 위해
저 만은 살려 두거라」 일러 줄
그 사람을 그대는 가졌는가

잊지 못할 이 세상을 놓고 떠나려 할 때
「저 하나 있으니」하고
방긋이 웃고 눈을 감을
그 사람을 그대는 가졌는가

온 세상의 찬성보다도 「아니」하고 가만히 머리 흔들
그 한 얼굴 생각에
알뜰한 유혹을 물리치게 하는
그 사람을 그대는 가졌는가

읽는 것만으로도 가슴이 뛰는
함석헌 선생의 '그 사람을 그대는 가졌는가' 라는 시다.
그 사람이 내 가족이고,
그 사람이 내 친구이고,
그 사람이 내 이웃이면 좋겠다.
아니 내가 그 가족이 되고,
그 친구가 되고,
그 이웃이 되어야겠다.
그렇게 되려면 나는 어떻게 해야 할까?
지극히 마음을 다해 그를 섬길 때,
그는 나를 '그 사람'으로 인정할 것이다.

마음이 아름다우니
세상이 아름다워라
(이재서)

밉게 보면 잡초 아닌 풀이 없고
곱게 보면 꽃 아닌 사람이 없으되
그대를 꽃으로 볼 일이로다
털려고 들면 먼지 없는 이 없고
덮으려고 들면 못 덮을 허물없으되
누구의 눈에 들기는 힘들어도
그 눈 밖에 나기는 한 순간이더라
귀가 얇은 자는 그 입 또한 가랑잎처럼 가볍고
귀가 두꺼운 자는 그 입 또한 바위처럼 무거운 법
생각이 깊은 자여
그대는 남의 말을 내 말처럼 하리라
겸손은 사람을 머물게 하고
칭찬은 사람을 가깝게 하고
넓음은 사람을 따르게 하고
깊음은 사람을 감동케 하지
마음이 아름다운 자여
그대 그 향기에 세상이 아름다워라

이채의 '마음이 아름다우니 세상이 아름다워라' 라는 시다.
세상은 내가 보고 싶은 대로 보인다.
개 눈에는 똥(便)만 보이고,
돼지 눈에는 돼지만 보인다.
기왕 보는 거 아름답게 보자.
만나는 사람의 단점 보다는 장점을 보자.
돈 드는 거 아니지 않는가?

풍경달다
(정호승 시)

운주사 와불님 뵙고
돌아오는 길에
그대 가슴의 처마 끝에
풍경을 달고 돌아왔다
먼 데서 바람 불어와
풍경소리 들리면
보고 싶은 내 마음이
찾아간 줄 알아라

참 아름다운 시다.
정호승 시인은 바람과 풍경의 관계를 사랑의 관계라고 한다.
바람이 없으면 풍경소리를 들을 수 없고,
풍경이 없어도 풍경소리를 들을 수 없기 때문이다.
정호승 시인 말씀처럼,
당신이 없으면 내가 없다.
내가 없으면 당신도 없다가 아니라
당신이 없으면 내가 없는 것이다.

방문객
(정현종 시)

사람이 온다는 건
실은 어마어마한 일이다
그는
그의 과거와
현재와
그의 미래와 함께 오기 때문이다
한 사람의 일생이 오기 때문이다
부서지기 쉬운
그래서 부서지기도 했을
마음이 오는 것이다
그 갈피를
아마 바람은 더듬어볼 수 있을 마음
내 마음이 그런 바람을 흉내낸다면
필경 환대가 될 것이다

우리가 일상생활에서 쓰는 방문객이라는 단어는
그리 정겹지 않은 것 같다.
그런데 정현종 시인은 그 방문객을
어마어마한 존재로 받아들이고 있다.
시인의 말처럼 그의 일생이 오기 때문이다.

지금 내가 만나는 사람이 가장 소중한 사람이다.
마음을 다해 만나자.
마음을 다해 이해하려고 노력하자.
마음을 다해 이해하려고 하면
이해안 될 것이 없을 것이다.
그래도 이해가 안되면
그냥 그대로 그를 인정해 주자.
단지 그는 나와 다를 뿐이다.

모든 순간이 꽃봉오리인 것을
(정현종 시)

나는 가끔 후회한다
그 때 그 일이 노다지였을지도 모르는데
그 때 그 사람이
그 때 그 물건이 노다지였을지도 모르는데
더 열심히 파고들고
더 열심히 말을 걸고
더 열심히 귀 기울이고
더 열심히 사랑할 걸
반벙어리처럼
귀머거리처럼
보내지는 않았는가
우두커니처럼
더 열심히 그 순간을
사랑할 것을
모든 순간이 다아 꽃봉오리인 것을
내 열심에 따라 피어날
꽃봉오리인 것을!

정현종 시인의 '모든 순간이 꽃봉오리인 것을' 이라는 시다.

인생에서 가장 슬픈 세가지는
'할 수도 있었는데, 해야 했는데, 해야만 했는데' 라고 한다.
가장 슬픈 인생을 살지 않도록
오늘 할 수 있는 것,
오늘 해야 할 것,
오늘 해야만 할 것은
지금 당장 하자.
오늘 만나고,
오늘 사랑한다고 말하자.
내일 일은 모른다.

　당신을 만나는 모든 사람이
　당신과 헤어질 때에는
　더 행복해 질 수 있도록 하라
　　- 테레사 수녀(Mother Teresa) -

사랑하라,
한번도 상처받지
않은 것처럼
(Suja 시)

춤추라,
아무도 바라보고 있지 않은 것처럼
사랑하라,
한번도 상처받지 않은 것처럼
노래하라,
아무도 듣고 있지 않은 것처럼
일하라,
돈이 필요하지 않은 것처럼
살라,
오늘이 마지막 날인 것처럼

알프레드 디 수자(Alfred D. Suja)의 참 멋진 시다.

어떻게 아무도 바라보고 있지 않은 것처럼 춤을 출 수 있을까?
춤추는 것 자체를 사랑하면 된다.

어떻게 한번도 상처받지 않은 것처럼 사랑할 수 있을까?
사랑하는 사람을 있는 그대로 받아들이면 된다.

어떻게 아무도 듣고 있지 않은 것처럼 노래할 수 있을까?
노래하는 것 자체를 사랑하면 된다.

어떻게 돈이 필요하지 않은 것처럼 일할 수 있을까?
그 일을 하나님이 맡겨주신 것으로 여기면 된다.

어떻게 오늘이 마지막 날인 것처럼 살 수 있을까?
감사함으로 오늘 하루를 보내면 된다.

모두 쉽게 할 수 있을 것 같으면서도
모두 쉽게 할 수 없는 것 투성이다.
그렇기 때문에 우리는 서로가 서로를 사랑하면서
하루 하루를 살아가야 한다.
결국 이 모든 것들이 사랑하면 할 수 있는 것들이기 때문이다.
사람과 일을 지극히 사랑하면 된다.
가끔 맑은 하늘도 쳐다보면서 ...

세월이 일러주는 아름다움의 비결
(Sam Levenson 시)

매력적인 입술을 갖고 싶으면
친절하게 말하십시오.
사랑스러운 눈을 갖고 싶으면
사람들에게서 좋은 점을 보십시오.
날씬한 몸매를 갖고 싶으면
배고픈 사람들과 음식을 나누십시오.
아름다운 머릿결을 원한다면
하루에 한 번 어린아이에게
그대의 머리칼을 어루만지도록 하십시오.
아름다운 자태를 가지고 싶으면
그대가 결코 혼자가 아님을 기억하며 걸으십시오.
무엇보다 소중한 존재인 인간은
회복되어야 하고, 새로워져야 하며,
소생되고, 교화되며, 구원받아야 합니다.
결코 그 누구도 버려져서는 안 됩니다.

그대에게 도움의 손길이 필요할 때
당신의 팔 끝에 손이 달려 있다는 것을 기억하십시오.
그대가 나이를 먹어감에 따라
당신은 두 개의 손이 있다는 것을 알게 될 것입니다.
한 손은 그대 자신을 도와주는 손이고
다른 한 손은 다른 사람들을 도와주기 위한 손입니다.

이 시는 오드리 햅번이 숨을 거두기 1년 전,
1992년 크리스마스 이브에 아들에게 들려준 시로 알려져 있다.
흔히 '오드리 햅번의 기도'로 알려진 이 시의 원작자는
샘 레벤슨(Sam Levenson)으로,
이 시는 그의 손녀를 위해 쓴 편지 중에서 발견되었다고 한다.

시인이 하고 싶은 말은 '사랑하라' 이다.
사람 '人' 자는 서로가 서로의 등을 대는 모습이다.
서로가 서로를 도와야 사람인 것이다.
아무리 큰 나무라도 혼자서는 숲을 이룰 수 없다.
우리는 함께 더불어 살아가야 한다.
사람이니까 ...

벼랑 끝으로 오라
(Christopher Logue 시)

Come to the edge, he said. They
said : We are afraid. Come to the
edge, he said. They came.
He pushed them and they flew.

벼랑 끝으로 오라.
떨어지면 어떡해요.
벼랑 끝으로 오라.
너무 높아요.
그들이 왔고,
그는 그들의 등을 밀었다.
마침내 그들은 날았다.

크리스토퍼 로그(Christopher Logue)의
'벼랑 끝으로 오라'라는 시다.

삶이 힘든가?
본인이 날 수 있음에도 벼랑 끝만 보기 때문에
날지 못하는 것은 아닌가?
떨어질까 두려운가?
물론 떨어질 수 있다.
그러나 그 벼랑도 끝은 있다.
내가 서 있는 곳이 밑바닥이라고 생각한다면,
이젠 더 이상 떨어질 데가 없음에 감사하자.

위기는 분명 기회의 또 다른 말이다.
당신은 맑고 푸른 하늘을 날 수 있다.

10월의 어느 멋진 날에
(Secret Garden 원곡)

눈을 뜨기 힘든 가을 보다 높은
저 하늘이 기분 좋아
휴일 아침이면 나를 깨운 전화
오늘은 어디서 무얼 할까
창밖에 앉은 바람 한 점에도
사랑은 가득한 걸
널 만난 세상 더는 소원 없어
바램은 죄가 될 테니까
가끔 두려워져 지난 밤 꿈처럼
사라질까 기도해
매일 너를 보고 너의 손을 잡고
내 곁에 있는 너를 확인해
창밖에 앉은 바람 한 점에도
사랑은 가득한 걸

널 만난 세상 더는 소원 없어
바램은 죄가 될 테니까
살아가는 이유 꿈을 꾸는 이유
모두가 너라는 걸
네가 있는 세상 살아가는 동안
더 좋은 것은 없을 거야
10월의 어느 멋진 날에

가을을 대표하는 노래로 우리들에게 친숙한
'10월의 어느 멋진 날'은 사실 봄 노래이다.
노르웨이 혼성그룹 시크릿 가든(Secret Garden)의 원곡
'봄의 세레나데(Serenade to Spring)'가
우리나라에 들어오면서 가을 노래가 됐다.
노래가사 하나 하나가 마음을 울린다.

'널 만난 세상 더는 소원 없어
바램은 죄가 될 테니까'

부부이든, 친구이든 우리 모두가
이런 사이가 되길 소망한다.

위대한 약속
(리아킴 노래)

좋은 집에서 말다툼보다
작은 집에 행복 느끼며
좋은 옷 입고 불편한 것보다
소박함에 살고 싶습니다
비가 오거나 눈이 오거나
때론 그대가 아플 때도
약속한데로 그대 곁에 남아서
끝까지 같이 살고 싶습니다
위급한 순간에 내편이 있다는 건
내게 위안이고
평범한 것이 얼마나 소중한지
벼랑끝에서 보면 알아요
하나도 모르면서 둘을 알려고 하다
사랑도 믿음도 떠나가죠
세상 살면서 힘이야 들겠지만
사랑하며 살고 싶습니다.

가수 김종환이 작곡하고,
그의 딸 리아킴이 부른
'위대한 약속'이라는 노래가사다.
평범한 삶이 소중하다는 것을 일깨워주는
참 따뜻한 노래이다.

힘든 세상살이지만 그럼에도 불구하고
오늘 나에게 주어진 것에 감사하고,
서로 사랑하며 살아 가자.
지금 이 순간에도 누군가는
당신을 위해 기도하고 있다.

그런 사람이 없을 것이라고 생각하는가?
그럼 내가 이 글을 읽는 당신을 위해 기도한다.
사랑하고 축복한다.

**마른 떡 한 조각만 있고도 화목하는 것이
제육이 집에 가득하고도 다투는 것보다 나으니라**
- 잠언 17장 1절 -

내가 만일
(안치환 노래)

내가 만일 하늘이라면
그대 얼굴에 물들고 싶어
붉게 물든 저녁 저 노을처럼
나 그대 뺨에 물들고 싶어
세상에 그 무엇이라도
그대 위해 되고 싶어
오늘처럼 우리 함께 있음이
내겐 얼마나 큰 기쁨인지
사랑하는 나의 사람아 너는 아니
워~ 이런 나의 마음을
세상에 그 무엇이라도
그대 위해 되고 싶어
오늘처럼 우리 함께 있음이
내겐 얼마나 큰 기쁨인지

세상에 그 무엇이라도
그댈 위해 되고 싶어오늘처럼
우리 함께 있음이 내겐 얼마나 큰 기쁨인지
사랑하는 나의 사람아 너는 아니
워~ 이런 나의 마음을
워~ 이런 나의 마음을

안치환의 '내가 만일' 이라는 노래 가사다.
"세상에 그 무엇이라도 그대 위해 되고 싶다"는
가사가 가슴을 울린다.

그렇게 무엇이라도 해주고 싶고,
그렇게 무엇이라도 해주지 못해도
함께 있는 것만으로도 행복하다.

사랑하면 그렇다.

조약돌
(박상규 노래)

꽃잎이 한잎 두잎 바람에 떨어지고
짝 잃은 기러기는 슬피 울며 어디가나
이슬이 눈물처럼 꽃잎에 맺혀 있고
모르는 사람들은 제 갈 길로 가는구나
여름가고 가을이 유리창에 물들고
가을날에 사랑이 눈물에 어리네
내 마음은 조약돌 비바람에 시달려도
둥글게 살아가리 아무도 모르게

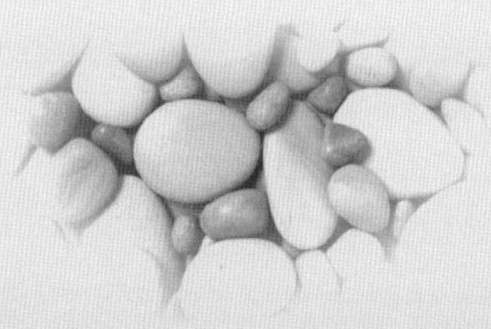

가수이자 MC로 활약했던 방송인 박상규씨가
1974년 발표한 '조약돌'은 발매 당시
앨범이 100만 장 넘게 팔리며 큰 히트를 친 곡이다.
내가 노래방 갈 때마다 항상 첫 번째로 부르는 곡이다.

작고 동글동글한 돌을 조약돌이라고 한다.
큰 돌이나 동글동글하지 않은 돌은 조약돌이 아니다.
돌에 모가 나 있으면 작은 움직임에도 상처를 주고,
또 상처를 받게 된다.
조약돌이 둥근 이유는 서로서로 모난 부분을
깎아 줬기 때문이다.
그렇게 모난 돌이 조약돌이 되기까지는
수많은 시간이 필요하다.

사람들 관계도 마찬가지다.
내 마음을 조약돌처럼 다듬어야 한다.
그렇지 않으면 나도 상처받고, 상대방도 상처를 받게 된다.
조약돌 노래를 부르면서 조약돌처럼 둥글게 살고 싶다.
아무도 모르게 ...

나는 행복한 사람
(이문세 노래)

그대 사랑하는 난 행복한 사람
잊혀질 때 잊혀진대도
그대 사랑받는 난 행복한 사람
떠나갈 땐 떠나간대도
어두운 창가에 앉아 창밖을 보다가
그대를 생각해보면 나는 정말 행복한 사람
이 세상에 그 누가 부러울까요
나는 지금 행복하니까

언제나 들어도 행복한
이문세의 '나는 행복한 사람' 노래가사이다.
행복이란 하늘에 걸려있는 무지개를 바라보는 것이고,
불행이란 그 무지개를 잡으려고
발을 동동 구르며 분해하는 것이라고 한다.
오늘 나에게 주어진 것에 감사하고,
부족한 나를 사랑해주는 그 사람의 존재만으로도 나는 행복하다.
나 또한 그런 당신에게 행복을 주는 사람이고 싶다.

주님 손 잡고 일어서세요 (김석균 찬양)

왜 나만 겪는 고난이냐고 불평하지 마세요
고난의 뒤 편에 있는 주님이 주실 축복
미리 보면서 감사하세요
너무 견디기 힘든 지금 이 순간에도
주님이 일하고 계시잖아요
남들은 지쳐 앉아 있을지라도 당신만은 일어서세요
힘을 내세요 힘을 내세요
주님이 손잡고 계시잖아요
주님이 나와 함께 함을 믿는다면
어떤 역경도 이길 수 있잖아요
왜 이런 슬픈 찾아왔는지 원망하지 마세요
당신은 잃은 것보다 주님께 받은
은혜 더욱 많음에 감사하세요

너무 견디기 힘든 지금 이 순간에도
주님이 일하고 계시잖아요
남들은 지쳐 앉아 있을지라도
당신만은 일어 서세요

주님이 나와 함께 함을 믿는다면
어떤 고난도 견딜 수 있잖아요
힘을 내세요 힘을 내세요
주님이 손잡고 계시잖아요
주님이 나와 함께 함을 믿는다면
어떤 고난도 견딜 수 있잖아요

김석균 목사님이 작사 · 작곡한
"주님 손 잡고 일어서세요" 라는 찬양곡이다.
이 찬양을 듣는 것만으로도 힘이 된다.

박완서 선생님 말씀처럼
'고통은 극복하는 것이 아니고 그냥 견디는 것' 이다.
얼마나 잘 견디느냐에 따라 내 삶의 태도가 달라진다.
잃은 것을 원망하는 삶 보다 받은 것을 감사하는 삶을 살자.
물론 인생은 고(苦)고, 고(孤)다.
그렇게 괴롭고, 외롭다고 해서 주저앉아 있을 수만은 없다.
인생은 생각보다 그리 길지 않기 때문이다.
그래서 우리는 부지런히 고(GO)해야 한다.
서로가 서로를 격려하면서, 우리 함께 가자.

소나무 (독일 민요)

소나무야 소나무야 언제나 푸른 네 빛
쓸쓸한 가을날이나 눈보라 치는 날에도
소나무야 소나무야 변하지 않는 네 빛
소나무야 소나무야 언제나 푸른 네 빛
쓸쓸한 가을날에나 눈보라치는 날에도
소나무야 소나무야 언제나 푸르구나

독일 민요 '소나무'이다.
솔잎은 길이 8~9㎝ 정도의 잎이 2장씩 맞붙어 나오고,
난 지 2년 된 잎은 아래쪽부터 갈색으로 변해
함께 떨어지고 새잎이 나온다.
또한 소나무로부터는 피톤치드가 나와 우리 몸을 이롭게 한다.
나의 삶도 소나무처럼 늘 푸르고,
솔잎처럼 늘 처음과 끝을 함께 했으면 좋겠다.
우리 모두가 소나무처럼 아름다운 삶의 향기를 내어 이웃에게
사랑을 나눠주는 삶을 살아가길 소망한다.

한 사람이 꿈을 꾸면 그것은 꿈에 지나지 않지만,
우리 모두가 같은 꿈을 꾸면 그 꿈은 반드시 이루어진다.
- 징기스칸 -

너는 내 옷을 입고 내 대신 살아다오
(연극 '衣')

나는 너의 옷을 입고 너 대신 죽는다.
너는 내 옷을 입고 내 대신 살아다오.

2009년 11월 초연하여 흥행에 성공한
연극 '의(衣)'의 주제이자 핵심 대사이다.
'의(衣)'는 패싸움 도중 사람을 죽인 동생을 대신해,
형이 대신 동생의 옷을 입고 사형을 당한다는
실화를 바탕으로 만들어졌다.
그리스도인 형이 살인자인 동생을 위해
사형수의 옷을 입고 대신 죽은 뒤,
그 동생이 형의 옷을 입고 새 삶을 살게 되었다는 내용을
한국적 상황과 정서로 재해석한 연극이다.

주인공 윤재는 부모의 비극적인 죽음과 힘겨운 성장과정으로
하나님을 부정하는 거친 청년이고,
그리스도인 형 윤호의 간절한 기도와 사랑에도 불구하고
마땅한 직업도 없이 반항적으로 살아가던 어느 날,
전세 값을 더 내지 않으면 쫓아내겠다는 집주인의 압력에
윤재는 돈을 구하려 고교동창 학구를 따라
조직폭력단체 두목 진만을 만난다.
진만은 철거민 시위관련 건에 윤재를 이용하려고
의도적으로 자신의 내연녀 희숙을 접근시키고,
윤재는 희숙과 사랑에 빠진다.
하지만 윤재는 철거민 시위날 전경을 죽이고 나서야
진만이 쳐 놓은 덫을 깨닫게 된다.
시위현장에서 도주한 윤재는 진만의 사무실로 달려갔다가
내연의 관계인 진만과 희숙을 마주치자
분노를 이기지 못하고 둘을 살해한다.
그때 시위장에서부터 윤재를 뒤쫓아 온 형 윤호는
살인현장에서 벌벌 떨고 있는 동생을 발견하고,
형 윤호는 동생의 옷과 신발을 벗겨 자신이 입으면서,
　"난 이제도 죽을 준비가 돼 있지만,
넌 아직 죽을 준비가 안 돼 있다." 고 외친다.
살해현장에 지문을 남긴 뒤 동생 대신 체포되어,

몇 개월 후 윤호는 형장의 이슬로 사라지고,
숨어서 괴로워하며 지내던 윤재에게 형의 편지가 배달된다.
"나는 너의 옷을 입고 너 대신 죽는다.
너는 내 옷을 입고 내 대신 살아다오."

오늘날 가족의 해체,
가족의 사랑이 결여되어가는 현대를 살아가는
우리들에게 가족의 사랑과 소중함을 깨닫게 해주는 연극이다.

자기 목숨까지 바쳐서 망나니 삶을 살고 있던
동생을 구하려 한 형은
어떤 마음이었을까?
예수님이 그런 마음 아니었을까?

영화 '히말라야'

영화 '히말라야'는 엄홍길 대장이 '신의 영역' 이라 불리는
해발 8,750m 히말라야 에베레스트에서 생을 마감한
후배 박무택 대원의 시신을 거두기 위해 휴먼원정대와 함께 떠난
목숨 건 여정을 그린 감동 실화다.
영화 보면서 참 많이 울었다.
이 멋진 영화의 벅찬 감동을 어떻게 글로 표현할 수 있을까?
난 자신 없다.
이 영화는 TV 드라마를 시청할 수 있는 사람이라면
모두 꼭 봐야 할 영화이다.
참 멋진 사람들의 진짜 사랑이야기이기 때문이다.
엄홍길 대장의 역을 맡은 황정민이 휴먼원정대를 이끌고
기록도, 명예도, 보상도 없는 등반을 시작할 때 이런 말을 한다.

두려워하지 말자.
등산이란 길이 끝나는 곳에서 시작되는 법이다.
우리가 가게 되면 새로운 길이 되고, 또다른 루트가 된다.
우리는 살아서 함께 오르고, 함께 내려온다.

영화에서도 "꼭 살자"라는 대사가 메아리처럼 들렸다.
산에 오르기 위해서 또 산에서 내려오기 위해서 꼭 살아야 한다.
우리네 인생도 그러지 않을까?
일단 살아야 한다.
기왕 사는 인생 한판 멋지게 살다 가야 한다.
무엇보다도 엄홍길 대장을 믿고,
단지 동료 산악인의 시신을 찾기 위해
목숨을 건 등반을 한 대원들이 참 대단했다.
그들이 진정 산쟁이들이요 위대한 산악인들이다.
(영화에서도 '산사나이' 대신 '산쟁이'라는 단어를 사용한다)

영화에서 기자가 묻는다.
엄홍길 대장님이 생각하시는 한국등반대 사상
최고의 등반은 어떤 것이었는지 궁금합니다.
혹시 8,000미터 이상 16좌 등반성공을 이루신
엄홍길 대장 본인의 등반이라고 생각하시는지요?

엄홍길 대장을 맡은 황정민이 답변한다.
제가 생각하는 한국등반대 사상 최고의 위대한 등반은
2004년 에베레스트 등반 중 조난 당한 박무택 대원을 구하기 위해
눈보라가 휘몰아쳐서 아무도 시도조차 못하는 상황에서
가장 위험하다는 8,700미터 데스존을 뚫고 단독 등반한

박정복 대원이 했던 등반을 가장 위험하고 고독하고 외로웠지만
가장 위대하고 아름다운 등반이었다고 생각합니다.

박정복 대원은 10시간 이상의 사투 끝에
결국 박무택 대원을 발견했다는 무전을 남겼으나,
하산 중 실종되었다.
그 박정복의 실제 인물은 백준호 대원이었다.
박정복의 등반은 정말 무모했다.
자신의 목숨과도 바꿀 수 있는 그 힘은 어디서 나오는 것일까?

사람이 친구를 위하여 자기 목숨을 버리면
이보다 더 큰 사랑이 없나니
- 요한복음 15장 13절 -

영화 중간중간에 나오는 "나마스테"라는 말은
인도와 네팔에서 주고 받는 인사말이다.
만났을 때뿐만 아니라 작별할 때도 사용한다.
이 인사를 할 때는 영화에서 황정민이 한 것처럼 합장을 한다.

원래는 "당신을 존중합니다."
즉, "내 안의 신이 그대 안의 신에게 인사한다."
라는 의미였다고 한다.

우리도 "굿모닝"이라는 인사말 대신
"나마스테"라고 하는 것은 어떨까?

영화에서는 "술이 남았을 때"라고 하면서 건배를 하기도 한다.
히말라야의 웅장한 광경 보다 산쟁이의 마음이 담긴
대사 하나 하나가 더 감동적인 영화이다.

박무택이 아내에게 히말라야 등반 중 쓴 편지는
눈물 없이는 들을 수 없다.
박무택이 자신이 죽었을 때를 대비해서 쓴 유서였으니까…
아래는 모두 엄홍길 대장의 명대사이다.
엄대장 말처럼 산은 정복하는 것이 아니다.

여자는 산이야.
산은 정복하는 게 아니다.
살살 달래줘야지.

해발 7,000미터, 8,000미터만 올라가면
철학적인 생각이 막 떠오를 것 같죠?
그런데 안 그래요.
너무너무 고통스럽고 힘겨울 때 제 얼굴이 나옵니다.
비로서 가면을 벗는 거죠.
아마도 대부분의 사람들은
제 맨 얼굴을 모른 채
살아가고 있는지도 모릅니다.

산쟁이는 산을 정복한다는 말을 안 해.
허겁지겁 올라갔다가 정신없이 내려오면 그게 정복이냐?
우린 그냥 운이 좋아서 산이 허락해서
잠시 머물렀다가 내려온 것 뿐이야.

영화 '연평해전'

혼자서 영화 '연평해전'을 봤다.
참 많이 울었다.
나는 2013년 영화
'천안함 프로젝트' 상영금지가처분 사건에서
천암함 유족들과 해군 장교들의 입장을 변호하면서
나라의 소중함을 더 절실히 느꼈었다.
연평해전 여섯명의 대한민국 아들들이 그랬듯이
우리는 우리나라를 목숨 걸고 지켜야 한다.
우리는 정치인들 탓만 하지 말고,
각자의 삶터에서 우리나라를 위해 무엇을 할지를
고민하고 행동해야 한다.
각자의 삶터에서 자기에게 주어진 일에
마음을 다하고, 이웃을 주님처럼 섬기자.
남들은 그렇게 살지 않더라도
'나'라도 그렇게 살자.

우리 모두가 그렇게 살아간다면
우리 조국 대한민국은
그 누구도 넘보지 못할 것이고,
우리 모두가 행복하게 살 수 있을 것이다.

북한의 도발로부터 우리의 NLL를 목숨으로 지킨
윤영하 소령, 한상국 중사, 조천형 중사, 황도현 중사,
서후원 중사, 박동혁 병장의 넋을 기립니다.

당신들의 나라사랑을 잊지 않겠습니다.

영화 '국제시장'

2015년 새해 첫날 가족과 함께 영화 "국제시장"을 보고 왔다.
원없이 울다 왔다.
6.25전쟁 당시 흥남부두철수, 파독 광부와 간호사,
월남전, 1983년 이산가족 방송찾기 등
그 때 그 시절 처절한 삶의 현장을 잘 표현한 영화다.
영화 주인공 덕수가 월남전에 회사원으로 가서 부상을 입은 후
아내에게 보낸 편지가 가슴을 울린다.

내는 그래 생각한다.
힘든 세월에 태어나가이 힘든 세상풍파를
우리 자식이 아니라 우리가 겪은기 참 다행이라꼬

지금의 우리 조국 대한민국을 만들어주신
나의 아버지 세대 어른들에게
사랑과 존경의 박수를 보냅니다.
감사합니다.
사랑하고 축복합니다.

영화 '님아, 그 강을 건너지 마오'

'님아, 그 강을 건너지 마오' 영화를 봤다.
영화를 보고나서 떠오르는 첫 단어가
'님아, 그 강을 같이 건너 가오' 이다.
이 영화는 만나고 헤어짐의 연속인 인생살이가
모두 사랑이라는 것을 가르쳐주고 있다.
사랑은 함께 한 방향을 보는 것이고,
사랑은 쓰다듬어 주는 것이고,
사랑은 같이 손잡고 걷는 것이고,
사랑은 보고 싶더라도 참는 것이고,
사랑은 내복을 사주는 것이고,
사랑은 함께 병원 가주는 것이고,
사랑은 마지막 가는 길에 울어주는 것이다.

인생은 한편의 드라마이다.
그냥 드라마가 아니라 참 멋진 드라마이다.
이 영화 주인공인 조병만 할아버지와 강계열 할머니처럼
아름다운 이별을 하고 싶다.
나도 아름다운 인생 드라마를 만들고 싶다.
이 세상에 살아있는 동안 더 사랑하며 살고 싶다.

영화 버킷리스트
(Bucket List)

버킷리스트(bucket list)란 죽기 전에 꼭 해야 할 일이나
하고 싶은 일들에 대한 리스트를 말한다.
버킷리스트는 "Kick the Bucket"
즉, 중세시대에 자살할 때 목에 밧줄을 감고
양동이를 차 버리는 행위에서 유래되었다.

2007년에 개봉된
 '버킷리스트(The Bucket List)' 라는 영화가 있다.
잭 니콜슨(Jack Nicholson)과
모건 프리먼(Morgan Freeman)의 주연작으로
6개월이라는 시한부 선고를 받고 우연히 병동에서 만나게 된
두 남자의 이야기다.

두 사람은 얼마 남지 않은 시간 동안 버킷리스트를
함께 실행하기 위해 병원을 탈출해 여행을 떠나는데,
사냥하기, 카레이싱 하기, 스카이다이빙 하기,
눈물 날 때까지 웃어 보기, 아름다운 소녀와 키스하기 등

버킷리스트의 목록을 지워 나가면서
지난날들을 되돌아 본다.
마침내 두 사람은 고대 이집트인들의 영혼이
하늘나라에 가면 신이 했다고 하는
두 가지 질문을 던진다.

"인생에서 기쁨을 찾았는가?"

"당신의 인생이 다른 사람을 기쁘게 해줬는가?"

김홍신 선생님 말씀처럼,
인생은 태어나서 죽음으로 가는 여행길이다.
다리가 떨릴 때 여행하지 말고,
가슴이 떨릴 때 여행해야 한다.
이 세상 잘 놀다 가지 않으면 불법이고, 유죄이다.

그렇지만 나만 기쁘고, 나만 즐거운 인생은 작은 성공이다.
다른 사람을 기쁘게 해주고 행복하게 해주는 것이야말로
진정 큰 성공이고, 큰 기쁨을 잊지 말자.

다큐멘터리
'일사각오 주기철' (KBS)

아녀자에게는 '정절'의 의가 있고,
신하에게는 '충절'의 의가 있으며,
믿는 자에게는 '신념'의 의가 있소이다.

KBS 2015년 성탄특집 '일사각오 주기철' 편에서 나온
주기철 목사님 역의 대사이다.
가정을 지키고, 나라를 사랑하고, 자신의 신념을 지키는 것은
우리 모두가 가져야 할 덕목 아닐까?
나 스스로 다시금 반성해 본다.

"오 주님! 저로 하여금 당신이 낮아진 것을
깨닫게 하여 주옵소서.
당신이 제자의 발을 씻기셨으니
저는 문둥이의 발을 핥게 하여 주옵소서.
저는 사람 발에 짓밟히는 먼지와
티끌이 되게 하여 주옵소서."

주목사님이 1939년 2월 2차 검속에서 풀려나
대구형무소에서 석방될 즈음에 내놓은 기도문의 일부이다.
그렇게 주목사님은 가장 낮은 자의 모습으로
하나님께 죽도록 충성하다 하나님 품으로 돌아가신 분이다.
지금 기독교인들의 모습은 어떠한가?
지금 나의 모습은 어떠한가?

주기철 목사님은 1935년 12월에는
평양 장로회신학교 사경회에서 죽음을 불사하는 각오를 담은
'일사각오' (一死覺悟)라는 유명한 설교를 하였다.
태어나면서부터 죽기까지
일생동안 남을 위하여 살다가 부활한 예수님처럼
죽음을 각오하고 이뤄야 한다는 것이었다.
주목사님은 예수를 버리고 사는 것은 죽는 길이오,
예수를 따라 죽는 것을 사는 길이라는
역설적 진리를 알고 실천했다.
주목사님은 그렇게 예수님을 위하여,
남을 위하여 일사각오로 신사참배를 거부했다.

오늘 알았다.
주목사님이 순국선열이심을…
주목사님은 1963년 3월 건국훈장 독립장이 추서되었고,
1968년 국립묘지에
'63호 순국선열 주기철의 묘'로 이장되었다.
그러나 묘가 평양에 있기 때문에 이장을 할 수 없어서
성경과 찬송가를 관 속에 넣고 묘를 썼다.

일제는 "신사는 국가의례로서 종교가 아니므로
참배가 옳다"면서 신사참배를 강요했으나,
주기철 목사님은
나 이외의 다른 신을 섬기지 말라는
계명을 어기는 것이라고 반대했다.
1939년 2월 대구형무소에서 잠시 석방되자마자
유언과도 같은 최후 설교
 '오종목(五種目)의 나의 기도"를 드렸다.

오종목은 다섯가지 기도지향으로
① 죽음의 권세를 이기게 해달라
② 오래 계속되는 고난을 견디게 해달라
③ 노모와 처자를 맡아 달라
④ 의에 살고 의에 죽게 해달라
⑤ 내 영혼을 주님께 맡긴다
는 기원을 담은 것이었다.

주목사님은 5년 4개월 간의 긴 세월을
모진 고문과 학대 속에서도
꿋꿋이 신앙의 신조를 지키시다
1944년 4월 48세의 나이로 소천하셨다.

지금 내 나이다.
나는 지금까지 어떤 삶을 살았고,
앞으로 어떤 삶을 살아야 할까?

제3편
이런 저런 이야기

사자는 배고프다고 풀을 먹지 않는다 • 미리 써보는 주례사 • 어느 고등학교 1학년 학생의 꿈
할아버지가 되고 싶습니다 • 지렁이 시체 치우는 사람 • 한 여름 어느 날 아침 • 이 가을이 아쉽다
잠 못 이루는 밤 • 자기 자리를 잘 지키자 • 쓸데없는 걱정도 필요할 때가 있다 • 참나무 같은 사람
사랑의 빚은 자연채무(自然債務)이다 • 세상에 공짜도 많다 • 살려주세요 • 진고모
내가 다섯살이 되면 • 오복 중에 최고는 처복이다 • 남자는 아내의 그릇 크기만큼 성장한다
6:6:5:2 (멋진 아들 이야기) • 인류발전을 위해 살아야죠 • 천국 갈래, 지옥 갈래?
사랑하는 사람 뒤에는 • 갈릴리바다와 사해(死海) • Merry Christmas • 새해 복 많이 받으십시오
2016년 새해 첫날 기도문 • 등산 개똥철학 • 아빠와 아들의 한라산 겨울산행기
아빠와 아들의 라오스 여행기 • 배우자의 인권 • 노숙인의 인권

사자는 배고프다고 풀을 먹지 않는다

변호사의 업무는 영업이 아니다.
- 독일연방변호사법 제2조 -

사자는 배고프다고 풀을 먹지 않는다.
또한 짐승 가운데 인간의 눈을
제일 많이 닮은 것도 사자라고 한다.
사자는 늘 먼 지평을 바라보며 자랐기 때문이다.

변호사는 아무리 힘들어도 사자처럼 풀을 먹어서는 안된다.
변호사는 곧 죽어도 정도(正道)를 가야 한다.
변호사의 이익이 아닌 의뢰인의 이익이 되는 길로 가야 한다.
어떻게 하는 것이 의뢰인에게 도움 되는지만 생각해야 한다.
변호사는 돈을 버는 직업이 아니라
이웃을 돕는 직업이기 때문이다.

아래 글은 대한변호사협회 회장 접견실 벽에 걸려 있는
노자 도덕경 글이다.

인생은 시냇물처럼 흘러가는 것
나는 저 물처럼 흘러가리라
바위에 부딪치면 비켜 흐르고
조약돌을 만나면 밀어도 보리
마른 땅 만나면 적셔주고
패인 곳 만나면 채워주고 가리라
저 너머 호수가 유혹을 해도
길 건너 나무숲이 오라고 해도
하늘이 정해준 나의 길을 따라
즐거이 노래하며 흘러가리라

미리 써보는 주례사

오늘 결혼하는 신랑 이몽룡 군과
신부 성춘향 양의 혼인을 축하하고,
두 분 가정에 늘 하나님의 축복이 가득하길 기원합니다.
신랑 신부는 다음 네가지 점을 기억하고 실천한다면,
하나님의 축복이 가득한 가정을 이룰 수 있을 것입니다.

첫째 신랑 신부는 서로가 서로의 종이 되어야 합니다.

서로가 서로에게
"말씀하십시오. 당신의 종이 따르겠나이다." 라고 해야 합니다.
결혼은 내가 대접받기 위해서 하는 것이 아니라
상대방을 지극히 섬기기 위해서 하는 것입니다.
두 분은 오늘 이 결혼식장을 나가는 순간부터
신랑은 신부를, 신부는 신랑을
종된 마음으로 지극히 섬겨주시기 바랍니다.

둘째 신랑 신부는 나라를 사랑해야 합니다.

'우리 두 사람 먹고 살기도 힘든데,
왠 나라사랑 타령이냐'고 하실지 모르겠습니다.
신랑 신부는 자녀를 낳을 것이고,
그 자녀가 이 땅에 빛과 소금이 되는
위대한 사람이 되길 바랄 것입니다.
만약 그 자녀가 이 나라의 대통령이 되길 바란다면,
두 분은 지금부터 이 나라의 대통령처럼 언행을 해야 합니다.
그 자녀가 사랑이 많은 사람이 되길 원한다면,
두 분의 사랑도 넘쳐야 합니다.
자녀가 훌륭한 사람이 되길 바란다면,
두 분이 먼저 훌륭한 사람이 되어야 합니다.
자식은 부모를 그대로 닮게 되어 있습니다.

셋째 신랑 신부는 이웃을 사랑해야 합니다.

신랑 신부 외 사람을 이웃이라고 한다면,
부모님, 형제자매 그리고 두 분의 결혼을 축하하기 위해
이 결혼식장에 오신 하객 모두가 두 분이 섬겨야 할 이웃입니다.
지금의 신랑 신부가 있게 한
이웃의 사랑을 결코 잊어서는 안됩니다.
두 분이 그 이웃을 얼마만큼 사랑하느냐에 따라
두 분의 행복의 크기가 결정될 것입니다.
두 분만 행복한 삶은 불행한 삶입니다.
두 분이 행복하고 싶다면, 먼저 이웃을 사랑하십시오.
그 이웃은 두 분에게 더 큰 사랑을 주실 것입니다.

넷째 신랑 신부는 범사에 감사하십시오.

어떤 상황에서도 감사하는 마음이 있으면 행복할 수 있습니다.
감사한 마음만큼 행복합니다.
미국의 링컨대통령도
 "사람은 행복하기로 마음먹은 만큼 행복하다"고 했습니다.

내가 불행하다고 생각하면 불행한 것이고,
내가 행복하다고 생각하면 행복한 것입니다.
내가 행복해야 내 곁에 사람이 행복한 것입니다.
우리는 서로가 서로에게
행복해야 할 사랑의 빚을 지고 사는 것입니다.
신랑은 신부가 아무리 맛없는 음식을 만들어 줘도
감사한 마음으로, 맛있게 먹어야 합니다.

신랑은 신부는 서로가 서로의 종이 되고,
나라를 사랑하고, 이웃을 사랑하고,
범사에 감사하는 마음으로 살아간다면
두 분의 결혼생활은
늘 하나님의 축복이 가득할 것으로 믿습니다.
다시금 신랑 신부의 결혼을 축하하고, 축복합니다.
감사합니다.

어느 고등학교 1학년 학생의 꿈

1980년대 중반, 정치인이 되고자 하는 가난한
고등학교 1학년 학생이 아침조회 후 담임선생님께
"오후에 있는 국회의원선거 유세장에 가게 해달라"고 요청한다.
당연히 담임선생님은 거절했다.
그 학생은 1교시부터 3교시까지 수업이 끝나자마자
교무실로 달려가 계속 담임선생님에게
유세장에 보내달라고 요청하지만 거절당한다.
그래서 그 학생은 점심 때 수위아저씨에게
잠시 밖에 나갔다오겠다고 하고 유세장에 가
군중들 틈에서 후보들의 유세를 듣고 온다.
그 학생을 아끼던 담임선생님은
무단으로 오후 수업을 불참한 제자를
야단치지 않으시고 모두 출석한 것으로 출석부를 정리해주셨다.
그 학생은 그때부터 신문에 있는 정치관련 기사를
스크랩을 해두곤 했다.
자신이 국회의원이 되었을 때 어떻게 할 지를 고민하면서 ...

그 학생은 대학을 졸업한 후 20대 중반에 군법무관이 되고,
30대에 변호사가 되고,
지금은 어느덧 40대 후반의 중견변호사가 되었다.
그 학생은 지방자치제도가 시행된 이후에는
국회의원이 아닌 구청장이 되어
지역주민과 이웃을 섬기는 삶을 살겠다고 다짐했다.
그런데 그 학생은 구청장이 되겠다는 꿈을 접었다.
한 사람의 남편으로, 두 아이의 아버지로, 한 법무법인의 대표로
그리고 자신을 알고 있는 이웃을 섬기면서 살아가는 것이
구청장이 되겠다는 꿈보다 더 소중하다는 것을 느꼈기 때문이다.

그 학생은 늘 에머슨의 시 '무엇이 성공인가'를 되새겼다.
 '내가 한 때 이곳에 살았음으로 인해
단 한 사람이라도 행복해지는 것
이것이 진정한 성공이다.'

그 학생은 자신의 또 다른 꿈
"몸도 마음도 건강한 할아버지"가 되어
멋진 삶을 살아갈 것을 소망한다.

그 학생의 이름은 김양홍이다.

할아버지가 되고 싶습니다

꽃이 아무리 어여뻐도 질 때는 추하게 마련입니다.
그러나 사람은 질 때가 훨씬 아름다울 수 있습니다.
아름답게 지는 사람의 특징은 곧 사랑과 베풂입니다.
'사람답다'라는 말은 배려, 사랑, 용서, 베풂을 뜻합니다.
- 김홍신의 '인생사용 설명서' 중에서 -

나의 꿈은 할아버지가 되는 것이다.
몸도 마음도 건강한 할아버지가 되고 싶다.
그래서 누가 나 보고 나이 들어 보인다고 하면 기분이 좋다.
꿈에 더 다가가는 것 같아서이다.
내가 할아버지가 되었을 때는
지금 보다 더 배려하고, 더 사랑하고, 더 용서하고,
더 베풀 것으로 믿는다.
김양홍 할아버지는 좋은 할아버지였다고 기억되고 싶다.
그래서 오늘도 좋은 할아버지가 되는 연습을 하고 있다.
참 아름답게 지고 싶다.

지렁이 시체 치우는 사람

봄비가 내린 다음날 아침 출근길이었다.
서울 동작동 이수사거리에서 동작역으로 가는
'여행(女幸)길'에서 중년부인이
나무젓가락을 들고 다니면서
지렁이 시체를 치우고 있었다.
빗물을 따라 인도에 나왔다가 지나가는 행인들의 발길에
영문도 모른 채 무참히 밟혀 죽은 지렁이였다.
그 중년부인은 출근길에 흉측하게 죽은 지렁이 시체를 치워서
지나가는 사람들이 상쾌한 마음으로
그 길을 다니게 하고 싶어서 그랬을 것이다.
작은 마음이지만 나에게는 참으로 큰 마음으로 다가왔다.
그 중년부인의 행동이 나를 행복하게 한다.

한여름 어느 날 아침

한 여름이 되니 봄에 만발했던 꽃들은 지고,
매미소리만 우렁차게 들린다.
향기가 그윽한 하얀 목련,
군락을 이루어 사람들 눈을 즐겁게 해준 벚꽃,
새색시 같이 수줍은 진달래,
갓난아이처럼 천진난만한 노란 개나리도 모두 졌다.

그런데 지금 이렇게 더운 날씨에 꽃을 피우는 것도 있다.
우리나라꽃 무궁화다.
나는 왜 무궁화가 이 무더운 여름에
꽃을 피우는지 알지 못한다.
그냥 무궁화는 자기에게 주어진 소명대로
한 여름에 꽃을 피운다.
모든 식물은 꽃을 피우는 것이 목적이 아니다.

꽃은 결국 열매를 맺기 위해 피는 것이다.
아름다운 벚꽃이든, 이름 모를 호박꽃이든,
화려한 장미꽃이든, 소박한 들꽃이든
모두 열매를 맺기 위해 꽃을 피운다.
꽃들이 예쁘게 피었다가 지는 것이
꼭 우리네 삶과 닮았다.
꽃이 지지 않으면 열매를 맺을 수 없다.
우리도 최선을 다해 그렇게 아름다운 삶을 살다가
좋은 열매를 남기고 가야 한다.

사과꽃이 호박꽃을 나무라지 않듯이
각자 자신만의 꽃을 피우고,
자신만의 열매를 맺고 가면 된다.
사과도 호박도 하나님이 보시기에는
모두 소중한 존재이다.

이 가을이 아쉽다

나뭇잎이 나무와 이별을 하는 때다.
만남과 헤어짐의 연속이 우리네 인생 아닐까?
가을과 이별해야 겨울을 만날 수 있고,
겨울과 이별해야 봄을 만날 수 있다.
그래서 가을은 가을대로,
겨울은 겨울대로 즐겨야하지 않을까?
그래도 떠나가는 이 가을이 아쉽다.
내 인생에 있어서 다시는 오지 않을 2015년 가을이기에 …
10월의 마지막 밤을 보내고,
11월의 첫날을 맞이했다.
어제는 평일이고, 오늘은 주말이라서 좋다.
늘 작은 것에도 감사할 수 있는 마음이,
우리의 마음이 되길 소망한다.

잠 못 이루는 밤

잠이란 '눈이 감긴 채 의식 활동이 쉬는 상태'를 말한다.
그런 점에서 침대에 누워 눈을 감고 있어도
의식 활동이 쉬지 않고 있으면 잠을 자지 않고 있는 것이다.
아무리 잠을 청해도 잠이 오지 않는다.
그래서 침대에서 일어나
이 새벽 컴퓨터 앞에 앉아 인터넷을 검색했다.
점점 더 멀뚱멀뚱해진다.
갖가지 상념들이 자꾸 잠을 더 쫓는다.
어떻게 할까? 잠이 안오더라도 또 누워보자.
 '걱정한다고 걱정이 없어지면 걱정할 것이 없겠네'
라는 말이 떠오른다.
그래 내일 일은 내일이 염려하도록 하자.
내가 할 일이 무엇인지 살피고,
그 일에 마음을 다 하도록 하자.
내가 어찌 할 수 없는 영역도 있지 않은가?
내가 어찌 할 수 없는 일 때문에 고민하지 말자.
그 일은 하나님께 맡기자.
그래 그렇게 무거운 짐은 맡기고 살자.
이 또한 지나 갈 것이다.

자기 자리를 잘 지키자

2015년 3월 어느 봄날 아침 출근길 서울 서초구에서 조성한
'여행(女幸)길' 길가에 있는 큰 벚꽃나무 밑둥 부분에
벚꽃 세 송이가 피어 있었다.
그 나무 윗 부분과 다른 벚꽃나무는
아직 꽃망울만 머금은 상태인데,
그렇게 세 송이 꽃을 피우고 있었다.
왜 유독 그 나무만 세 송이 꽃을 피었을까?
그 나무는 이런저런 생각을 해서 꽃을 피운 것이 아니라
그냥 그 나무는 그 자리에서 꽃을 피어야 할 때
꽃을 피운 것이 아닐까?
나무는 꽃피는 자리에서 꽃을 피었을 뿐인데
지나가던 행인인 내가 행복했다.
우리 각자가 자기 자리를 잘 지키는 것이 인생을 잘 사는 길이고,
이웃을 행복하게 해주는 일 아닐까?
교사는 교사의 자리를, 변호사는 변호사의 자리를,
상인은 상인의 자리를 잘 지키는 것이
우리가 사는 세상을 더 살기 좋은 곳으로 만드는 첩경 아닐까?
오늘 하루도 내 이웃을 지극히 행복하게 해주자.
그것이 곧 내가 행복하게 되는 길이고,
우리 모두가 행복하게 되는 길이다.

쓸데없는 걱정도 필요할 때가 있다

무거운 짐을 진 상인이 길을 걸어가고 있었다.
마침 그 옆을 지나가던 마차가 그 사람을 보았다.
마부가 딱하게 생각하여 마차를 세우고 말하였다.
"여보시오, 얼마나 힘드십니까? 이 마차를 타고 가시오."
"고맙습니다."
상인은 고맙다는 말을 몇번이나 하고, 마차를 탔다.
그런데 상인은 등에 지고 있는 무거운 짐을
내려놓으려 하지 않았다.
이상하게 생각한 마부가,
"짐을 내려 놓으시오. 그렇게 지고 있으면 무겁지 않소?"
하고 말하였다.
이 말을 들은 상인은 미안해하면서 이렇게 대답하였다.
"미안해서 그럽니다.
저를 태워주신 것만 해도 말에게는 큰 짐이 될텐데,
이렇게 짐까지 실을 수 있겠습니까?"
탈무드에 나오는 '쓸데없는 걱정을 하지 말라'는 이야기이다.

그런데 이 이야기가 우리들에게 주는 교훈은
쓸데없는 걱정을 하지 말라는 것만은 아니다.
상인은 자신을 태워준 마부에게 고마움을,
말에게는 미안함을 표현하기 위해 그렇게 행동한 것 아닐까?
마부도 말을 타면 본인이 짐을 내려놓든 지고 있든
말이 느끼는 고통은 동일하다는 것쯤은 알고 있었을 것이다.
하찮은 동물이지만 그 동물을 배려하는 마음은
오히려 우리가 배워야하지 않을까?
이는 결국 쓸데없는 걱정이자, 또한 쓸데 있는 걱정이다.
우리나라가 더 잘 살고, 더 행복해지려면
이런 배려정신이 널리 퍼져 있어야 한다.
대기업은 중소기업을 배려하고,
상관은 부하직원을 배려하고,
기독교 신자는 불교 신자를 배려해야 한다.
또한 나와 다른 생각을 가진 사람에 대해
틀렸다고 지적만 하지 말고,
나와 다름을 인정해야 한다.
함께 더불어 살아가야 한다.
생각이 서로 다른 것은 불편한 것이 아니라
이 세상을 더 자유롭고, 더 행복하게 하는 윤활유이다.

참나무 같은 사람

참나무는 어떤 한 가지 수종을 지칭하는 것이 아니라
참나무과(殼斗科, 각두과)에 속하는
수종을 통틀어 칭하는 말이다.
그렇지만 네이버 국어사전에서
참나무를 검색하면 상수리나무라고 나온다.
참나무는 말 그대로 진실된 나무이다.
참나무는 살아서는 열매를 맺어
사람들에게는 도토리묵 등의 음식을,
동물에게도 겨울철 먹거리를 제공한다.
또한 멋진 오크가구로 태어나고,
좋은 땔감으로 사용된다.
참나무는 재질이 단단하여
소리 없이 타면서 밑불이 되어 주고,
타다가 꺼지면 참숯이 되어 다시 불을 일으켜 준다.
정말 참나무이고, 참숯이다.

사람도 참나무 같은 존재가 있다.
아낌없이 주는 나무 같은 사람이 있다.
자신을 내어주고도 티도 내지 않는다.
더 바라는 것도 없다.

참나무는 그냥 이 땅에 와서
자신에게 주어진 사명을 묵묵히 감당하다 돌아간다.
과연 이 세상에 참나무 같은 사람이 얼마나 있을까?
그렇지만 이 세상은 참나무만 있어도 좋지 않을 것 같다.
서로 잘 살기 위해서는 감나무도, 사과나무도
그리고 잡초도 필요하다.
그렇게 우리 지구상에 있는 모든 사람들과 동식물들은
어울려 살아가게끔 창조되었다.
결코 혼자서는 이 세상을 살 수 없다.
더불어 살아야 한다.
그리고 기왕 사는 거 참나무 같은 인생을 살자.
그렇게 아낌없이 주고 가자.

사랑의 빚은
자연채무(自然債務)이다

자연채무(自然債務)란 만일 채무자가 자진변제를 하면
유효한 변제가 되지만,
채무자가 변제하지 않는 경우에
채권자가 법원에 소를 제기할 수 없는 채무를 말한다.
로마법에는 자연채무가 많이 존재하였고,
프랑스민법 및 우리나라 구민법은 이를 인정하였다.
그러나 현대의 민법에서는 채무가 원칙적으로 소권(訴權)
및 강제집행(强制執行)의 기능을 포함하므로 독일민법
및 우리나라의 현행민법은 이에 대하여
아무런 규정도 두고 있지 않다.
그래서 이를 인정하느냐 안하느냐에 관하여
학설이 나뉘어 있는데,
최근 학설은 이를 인정하는 방향으로 기울어지고 있다.
채무의 이행을 당사자간의 도덕에 맡기고
법적인 강제를 가하지 않는 채권·채무관계를 인정하더라도
불합리한 바가 없기 때문이다.
일반적인 채무 즉 빚은 짐이고, 부담이지만,

일반적인 채무 즉 빚은 짐이고, 부담이지만,
사랑의 빚은 감사고, 행복이다.
살다보니 사랑의 빚은 자꾸만 느는 것 같다.
그동안 받은 사랑의 빚을 모두 갚고
이 세상을 떠날 수 없을 것 같다.
너무 많아서 ...
또한 사랑의 빚은 이자도 없고, 상환일도 없다.
그러고 보면 사랑의 빚은 참 좋은 빚이다.
매일 매일 사랑의 빚을 상환하는
기쁨을 누리면서 살고 싶다.

피차 사랑의 빚 외에는 아무에게든지 아무 빚도 지지 말라
남을 사랑하는 자는 율법을 다 이루었느니라
- 로마서 13장 8절 -

세상에 공짜도 많다

아무든지 나를 따라오려거든 자기를 부인하고
날마다 제 십자가를 지고 나를 따를 것이니라
- 누가복음 9장 23절 -

누구에게나 자기만의 십자가를 지니고 있다.
다른 사람의 십자가는 가벼워 보이는데,
나의 십자가가 더 무거워 보인다.
작은 십자가는 무게가 적게 나가고,
큰 십자가는 무게가 더 많이 나가는 것이 아니다.
십자가의 크기는 다르지만 무게는 같다.
하나님은 우리에게 감당할 수 있는 십자가만 주셨기 때문이다.

세상에 공짜 없다.
나에게 주어진 무거운 십자가 무게만큼
하나님은 그 이상의 은혜를 주실 것이다.
지금 당장 그 은혜를 안주신다고 원망하지 말자.
하나님은 하나님의 때에 하나님의 방법으로
그 은혜를 주실 것이다.

그런데, 생각해보면 세상에 공짜도 많다.
양광모 시인이 '무료'라는 시에서 언급한 것들
따뜻한 햇볕, 시원한 바람, 아침 일출, 저녁 노을,
붉은 장미, 흰 눈, 어머니 사랑, 아이들 웃음 외에도
우리가 살아 숨쉬게 하는 공기도 공짜다.
자세히 살펴보면 매우 귀하고 가치 있는 것들은 모두 공짜다.
그저 감사하고 감사할 따름이다.

무료(양광모 시)

따뜻한 햇볕 무료
시원한 바람 무료
아침 일출 무료
저녁 노을 무료
붉은 장미 무료
흰 눈 무료
어머니 사랑 무료
아이들 웃음 무료
무얼 더 바래
욕심 없는 삶 무료

살려주세요

2015년 어느 봄날 저녁 10시28분 서강대 인터넷 게시판에 한 재학생이 "한 명이 헌혈할 때마다 형이 24시간 버틸수 있다"는 글을 올렸습니다. 자신의 형이 급성 골수성 백혈병에 걸려 백혈구를 다시 생성하기 위한 수술을 받았지만, 부작용으로 급히 백혈구 수혈을 받아야 할 상황이었습니다. 그 시각 서강대생 김민건씨 등은 친구들과 인천에서 조개구이를 먹다가 위 글을 올린 형이 입원해 있는 서울대병원으로 가서 새벽1시경 헌혈을 했고, 같은 시간대에 학교도서관에서 공부하던 신건우씨 등도 병원으로 달려와 헌혈을 해 그 형을 살릴 수 있었습니다. 수혈이 조금만 늦었어도 그 형은 목숨이 위험할 뻔했는데 학생들의 헌혈 덕분에 위험한 시기를 잘 넘긴 것입니다.

- 2015. 4. 18.자 조선일보 기사 -

친구들과 즐겁게 인천에서 조개구이를 먹다가,
그리고 밤늦게 공부하다가 중단하고 병원으로 달려가
헌혈을 한 학생들에게 존경의 마음을 표한다.
그 학생들로 인해 이 세상이 참 따뜻해 보인다.

이웃의 아픔을 내 아픔으로 여길 수 있는
세상이 곧 천국 아닐까?
이처럼 천국은 죽어서 가는 곳이 아니라 우리 모두가
마음을 다하면 이 땅에서도 이룰 수 있는 세상이다.

이른 아침 창문 너머로 들어오는
아침 햇살이 참 따스하게 느껴진다.
헌혈을 한 그 청년들의 앞길에
하나님의 축복이 가득하기를 기원한다.

진고모

진고모는 '진정한 고수들의 모임'의 약자다.
진고모 구성원은 의대교수, 대학교수, 회사 대표, 택시기사,
공무원, 변호사 등 참 다양한 직업으로 구성되어 있다.
기도의 고수, 골프의 고수, 의술의 고수, 요리의 고수 등
각기 자칭 고수들의 모임이다.
사회에서 우연히 만난 모임이지만,
어떤 목적이 있어 만난 모임이 아니고,
언제든 마음 편히 함께 할 수 있어 참 좋은 모임이다.
이처럼 함께 더불어 사는 것이 행복한 삶 아닐까?
부자든 가난하든, 높은 지위에 있든 낮은 지위에 있든,
신앙이 있든 없든 간에
함께 울고 웃을 수 있는 세상이 행복한 세상 아닐까?
사랑은 그렇게 주고 받는 것이다.

내가 다섯살이 되면

"미래를 준비하는 가장 좋은 방법은
한번에 하루씩 사는 것이다"
아브라함 링컨의 말입니다.
오늘 하루 감사하는 마음으로 사는 우리가 되었으면 합니다.
아무리 생각해도 당신을 만난 것은 주님의 축복입니다.

2004년 2월 28일
당신 남편 김양홍

위 글은 소아신경외과 분야의 세계적인 권위자인
Fred Epstein 박사가 자전거 타고 가다가 넘어져
심각한 뇌손상을 입고 한달간 혼수상태에 있다가 깨어난 이후
재활과정과 어린 환자들을 치료하면서 느낀 점을 쓴
'내가 다섯살이 되면' 이라는 책을 감명 깊게 읽은 후
아내에게 읽어보라고 주면서 책 표지에 쓴 글이다.

오늘은 어제 죽어간 사람들이 간절히 바라던 내일이다.
그 오늘들이 쌓여서 나의 인생이 되는 것이다.
오늘 해야 할 일이 가장 중요한 일이고,
오늘 만나는 사람이 가장 소중한 사람이다.
무슨 일을 하든, 누구를 만나든 주께 하듯 하는
오늘이 되길 소망한다.
그러다보면 어느 덧
멋진 김양홍 할아버지가 되어 있지 않을까?

오복 중에 최고는 처복이다

새해가 되면 "복 많이 받으세요"라는 인사를 주고받는다.
누구나 받고 싶어 하는 복이 오복(五福)이다.
오복은 수(壽), 부(富), 강녕(康寧), 유호덕(攸好德),
고종명(考終命) 다섯 가지 복을 말한다.
유호덕의 유(攸)는 닦는다는 뜻이니,
좋은 덕을 닦는 것을 말하고,
고종명은 타고난 수명을 다 누리고
고통 없이 죽는 것을 말한다.
결국 오복은 넉넉하고, 건강하게 오래 살며,
따뜻이 베푸는 삶을 살다가 병 없이 곱게 죽는 것이다.
정말 복다운 복이다.
그런데 대개 어른들은 오복 중에
최고는 처복(妻福)이라고 한다.

분명 오복 중에 처복이 없음에도 불구하고,
처복이 최고라고 한 이유는
그만큼 처복이 만복의 근원이라 생각해서 그런 것 아닐까?

남편이 아내와의 사이가 좋지 않으면
오래 살아도, 부자여도, 건강해도, 덕을 쌓아도,
병 없이 곱게 죽어도 다 부질없는 짓이기 때문이다.
여자도 마찬가지이다.
남편과의 사이가 좋지 않으면
오복을 모두 가졌어도 불행한 삶이라 할 것이다.
그러므로 내가 이 땅에서 복을 누리고 살려면
배우자에게 지극히 잘 해야 한다.
역시 복 중에 최고의 복은 배우자 복이다.

남자는 아내의 그릇 크기만큼 성장한다

제갈공명은 늘 깃털부채를 들고 다녔는데,
이는 그의 아내 황씨의 조언 때문이었다.
그녀가 남편에게 부채를 선물하면서
"큰 일을 도모하려면 감정을 드러내지 말고
침착해야 된다"고 했다고 한다.
또한 황씨는 공명이 청렴하게 공직생활을 할 수 있게
내조하는 지혜를 갖춘 사람이었다.
공명이 재상에 오르자 황씨는 손수 농사를 지으며
자녀교육에 전념했고,
생활비는 공명의 봉록에 의존했다.

공명이 스스로 후주(後主) 유선(劉禪)에게
"신은 재산에 여유가 없고 아내는 여벌의 옷이 없습니다."
라고 밝혔듯이 그녀는 재상의 아내였지만
여벌의 옷이 없을 정도로 검소하였기 때문에
공명은 뇌물에 초연할 수 있었다.
그 남편에 그 아내이다.
대부분의 부부는 끼리끼리 만난다.
소크라테스와 같은 예외적인 남자도 있지만 …

또한 남자는 그 아내의 그릇 크기만큼 성장한다.
배우자로부터도 지지받지 못한 사람은
결코 이웃으로부터도 지지 받지 못할 것이기 때문이다.

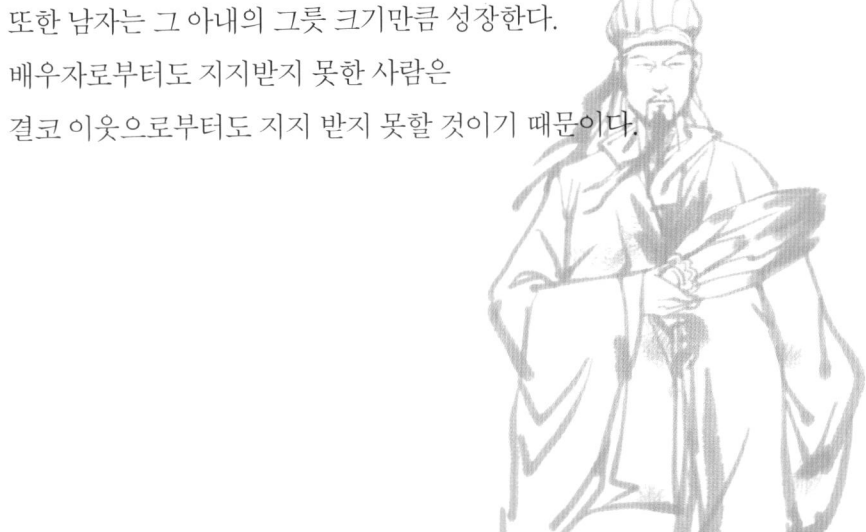

6:6:5:2
(멋진 아들 이야기)

6:6:5:2 엊그제 어느 중학교 2학년 2학기
반장선거 1차 투표 결과이다.
결국 6표를 받은 두 명이 결선 투표를 하여
한 명이 반장으로 선출되었다.
5표를 얻은 학생은 자신도 반장이 되고 싶어 출마했음에도
2표를 받은 친구가 말을 잘 하지 못하기 때문에
표를 적게 받을 것 같아 본인에게 투표를 하지 않고,
그 친구에게 투표를 하였다.
그 결과 본인은 5표를 얻어 결선 투표에 나가지 못했고,
그 친구는 1표가 아닌 2표를 얻었다.
5표를 얻은 학생의 부모는 잘 했다고 칭찬해줬다.
"나 아닌 다른 사람을 배려할 수 있는 마음은
이 세상의 어떤 보배보다 귀한 것"이기 때문이다.
멋진 아들이다.

인류발전을 위해 살아야죠

어느 날 아침 식사하면서
중학교 2학년인 아들과 한 대화내용이다.

김양홍 : 인생이란 무엇인가?
아들 : 그냥 사는 거죠.
김양홍 : 왜 사는가?
아들 : 종족번식을 위해 사는 거죠.
김양홍 : 어떻게 살아야 할까?
아들 : 인류발전을 위해 살아야죠.

중학교 2학년생도 인류발전을 위해 살아야 한다고 생각하는데,
우리는 과연 어떻게 살고 있을까?
대부분 하루 하루 사는데 급급한 것 같다.
그럼 어떻게 살아야 할까?
내가 만나는 사람도 인류 중 한 사람이기에
내가 만나는 사람 한 사람 한 사람의 발전을 위해
마음을 다하여 지극히 도우면서 살아가면 되지 않을까?
그 한 사람의 생명은 지구의 무게 보다 더 무겁다.

천국 갈래, 지옥 갈래?

성적에 대한 고민 끝에 자살한 고3 수험생이
천국과 지옥의 갈림길에서 심문을 받게 되었다.
이 학생을 불쌍히 여긴 수문장 천사가
그에게 선택의 기회를 주기로 했다.
"너, 천국 갈래? 아니면 지옥 갈래?"
그러자 학생이 자신 없는 투로 말했다.
"어디가 미달됐나요?"

인터넷에서 볼 수 있는 유머이다.
요새 우리 아이들이 결정장애를 갖고 있다.
거절당할지언정 천국 가겠다고 하는 것이 마땅함에도
자신이 가고 싶은 곳이 아닌 미달인 곳을 찾고 있다.
지금부터라도 바로 잡아야 한다.
세상만사 일체유심조(一切唯心造)임을 가르쳐야 한다.
우리 아이들이 스스로 결정할 수 있는 능력을 갖도록,
믿고 맡기자.
그리고 기다려 주자.

사랑하는
사람 뒤에는

승자 뒤에는 패자가 있으나,
사랑하는 사람 뒤에는 사랑받는 사람이 있습니다.
- 이수성결교회 박정수 담임목사 -

우리는 늘 서로 승자가 되려고 하지만,
반드시 승자 뒤에는 패자가 있기 마련이다.
그러므로 우리 모두가 승자가 되려하기 보다는
사랑하는 사람이 되고, 섬기는 사람이 되어
서로 사랑하고, 사랑받기를 소망한다.
내가 사는 아파트 단지 안에 핀 하얀 국화꽃을 보면서
참 이쁘다는 생각을 했다.
우리 모두가 그 국화꽃처럼
이웃에게 기쁨을 주는 존재가 되면 얼마나 좋을까?
그 국화는 그냥 자신의 자리에서 꽃을 피웠을 뿐이다.
자기 자신의 삶에 충실하는 것,
그것이 곧 내 이웃을 기쁘게 해주는 길이다.

갈릴리바다와
사해(死海)

이스라엘에는 두 개의 바다가 있다.
사실은 호수이지만,
워낙 큰 호수라서 사람들은 바다라고 부른다.
하나는 갈릴리바다이고,
또 하나는 사해(死海)이다.
이 두 바다를 이어주는 강은 요단강인데,
갈릴리바다는 물이 맑고, 물고기가 많고,
강가에 나무도 많은 참 아름다운 바다임에 반해
사해는 더럽고, 어찌나 염분이 많은지
사람이 들어가면 둥둥 뜰 정도이고,
물고기조차도 살지 못하는 말 그대로 죽은 바다이다.
왜 똑같은 요단강의 지류임에도
이렇게 하나는 살아있는 바다이고,
하나는 죽음의 바다가 되었을까?

그것은 아주 간단하다.
갈릴리바다는 요단강을 받아들이지만
그것을 가두어 두지 않고,
한 방울의 물을 받아들이면
한 방울의 물을 그대로 흘려보낸다.
받은 것과 주는 것이 언제나 똑같다.
그런데 사해는 얌체처럼 욕심껏 받아들이기만 하고,
흘러 들어오는 족족 가지기만 한다.
이처럼 갈릴리바다는 내어주면서도 살아 있고,
사해는 아무것도 내어주지 않으면서 죽어 있는 것이다.

우리들의 삶도 이와 비슷하지 않을까?
사랑을 받았으면, 그 사랑을 나눠주어야 한다.
사랑만 받고 남을 사랑하지 않는 것은
행복한 삶이 아니라 불행한 삶이다.
서로가 서로에게 축복의 통로가 되도록 노력하자.
그래서 우리 모두의 삶이 사해가 되지 않고,
아름다운 갈릴리바다가 되기를 소망한다.

Merry Christmas

새 계명을 너희에게 주노니 서로 사랑하라
내가 너희를 사랑한 것 같이 너희도 서로 사랑하라
- 요한복음 13장 34절 -

하나님의 아들 예수님이 이 땅에 오신 것은
사랑을 전하기 위해서이다.
사랑은 언제 시간을 정해 놓고 하는 것이 아니라
지금 사랑해야 한다.
어떻게 사랑해야 할까?
마음을 다해 사랑해야 한다.
사랑하는 마음이 곧 행복한 마음이다.
올 해 크리스마스는 다시는 돌아오지 않는다.
지금 사랑하자.
지금 행복하자.
그것이 우리 주 예수 그리스도의 마음이다.

"Merry Christmas"

새해 복 많이 받으십시오

2015년 마지막 날입니다.
한 해 동안 수고 많으셨습니다.
기쁜 날, 슬픈 날, 편한 날, 힘든 날들이 많았을 겁니다.
그렇게 보면 우리들 삶은 '비빔밥 인생'인 것 같습니다.
아마 내년에도 비빔밥 인생은 계속 될 것입니다.
기왕 만드는 비빔밥 참기름까지 넣어서 맛있게 만들어 봅시다.
또한 밥은 같이 먹어야 제 맛이 납니다.
비록 고된 삶일지라도 밥 먹을 때만큼은
함께 웃으면서 먹읍시다.
가끔은 막걸리도 한잔 하십시다.
좋은 벗들과 함께 할 2016년 비빔밥 밥상이 기대됩니다.
내일은 내일의 태양이 떠오를 것입니다.
오늘 사무실 출근하자마자 화분에 물을 줬습니다.
말 못하는 식물이지만 저의 곁에서 함께 해준
그 존재가 너무 고맙습니다.

자기 의지대로 이 사무실로 오지 않았지만,
그래도 자기 자리에서 사무실을 찾는 이에게
기쁨을 주는 식물입니다.
저의 삶도 그런 삶이 되길 소망합니다.
비록 저는 이름 없는 작은 변호사이지만,
화분의 식물처럼 저의 곁에 있는 이웃들에게
기쁨을 주는 존재이고 싶습니다.
사랑하고 축복합니다.
새해 복 많이 받으십시오.

2016년 새해 첫날 기도문

하나님 아버지

2016년 새해 첫날을 맞게해주셔서 감사합니다.
근심하는 자 같으나 항상 기뻐하게 하시고,
가난한 자 같으나 많은 사람을 부요하게 하시고,
아무 것도 없는 자 같으나
모든 것을 가진 자가 되게 해주시옵소서.
"내가 거룩하니 너희도 거룩할지어다" 라고
하신 말씀대로 우리 모두가 거룩하게 살도록 해주시옵소서.
우리의 혀를 지켜주시어,
늘 감사의 말을 하게 해주시고,
늘 축복의 말을 하게 해주시고,
늘 하나님을 찬송하게 해주시옵소서.
뜨겁게 서로 사랑하게 해주시고,
악을 악으로 갚지 말고
도리어 복을 빌게 해주시옵소서.
말하려면 하나님의 말씀을 하는 것 같이 하게 하시고,

봉사하려면 하나님이 공급하시는 힘으로
하는 것 같이 하게 하시고,
행함이 있는 믿음을 갖게 해주시옵소서.
우리 가운데 고난 중에 있는 자가 있습니다.
기도하게 해주시옵소서.
우리 가운데 즐거워하는 자가 있습니다.
찬송하게 해주시옵소서.
우리 가운데 병든 자가 있습니다.
우리가 그를 위하여 기도하게 해주시옵소서.
늘 하나님을 가까이 하게 하시고,
늘 근신하여 깨어 있게 하시고,
늘 화평하게 하시고,
늘 주님 앞에서 낮아지게 해주시옵소서.
기도로 하늘 문을 여는 사람이 되게 해주시고,
하나님이 주시는 은혜와 평강이 우리들 삶 가운데
넘치게 하여 주시옵소서.
예수님의 이름으로 간절히 기도합니다.

등산 개똥철학

포천 명성산 등산을 마치고 나서 느낀 점을 나누고 싶다.

1. 반드시 쉬어가야 한다

우리 팀은 명성산 등산코스를 자인사쪽에서
시작하는 것을 택했는데,
그 코스는 삼각봉(903m)까지 계속 오르막이었다.
더군다나 바닥은 돌밭인데다가 낙엽이 깔려 있어
미끄러워 넘어질뻔 하기도 했다.
만약 중간중간에 쉬지 않았으면 쓰러졌을 것이다.
인생살이도 마찬가지인 것 같다.
정말 힘들 때 반드시 쉼이 있어야 한다.

"이 또한 지나가리라."

2. 동반자가 있어야 한다

같이 산행한 13명 중에는
나와 비슷한 등산 왕초보가 한분 계셨는데,
그 분을 위해 팀원들이 손도 잡아주고,
힘들어 하면 바로 쉬고,
중간에 과일을 나눠먹고,
재미있는 이야기를 하면서 오르다보니
어느덧 정상에 가까워졌다.
인생살이도 어떻게 보면 긴 등산길 아닐까?
가슴이 터질 것 같이 힘든 때도 있고,
이번 산행처럼 계속 오르막일 때도 있을 텐데,
그 때 함께하는 동반자가 있다면 거뜬하게
그 힘든 시간을 넘길 것이다.

3. 자기에 맞는 길을 가라

인터넷에 명성산 등반기를 보면
여섯살 어린이도 등반이 가능한 곳이라고 쓴 것을 봤다.
산정호수 주차장쪽에서 등반하는 코스는
완만하고, 멋진 폭포도 있고, 억새풀도 장관이라서
가족과 함께 즐길수 있는 좋은 등산코스이다.
우리 팀은 산정호수 둘레길 산책하는 팀과 함께
점심식사를 해야 하기에 부득이 최단코스를 택했다.

인생살이는 선택의 연속이다.
어떤 길을 가든, 자신의 길을 가고 그렇게 그 길을 가면서
가족, 동료들과 함께 아름다운 풍경도 구경하면서
가야하지 않을까?
조금 더 빨리, 조금 더 높이 오르는 것보다
지금 나에게 주어진 감사한 것들을 생각하면서
그리고 오늘을 즐기면서 나의 길을 가자.

아빠와 아들의 한라산 겨울산행기

2015년 겨울 아들 중학교 부자유친 아버지와 아들 10팀이
한라산 겨울산행을 했다.
아들이 "학원가는 것보다 5,000만 배 더 좋아요"라고 할 정도로
나의 눈이 태어나서 가장 호강한 하루였다.
왜 많은 사람들이 겨울산행을 좋아하는지 알게 해 준
행복한 산행이었다.
내 생애 눈 덮인 첫 겨울산행을 하고 나서 느낀 점이다.

1. 삶의 아이젠이 필요하다

아이젠이 없으면 눈 덮인 산을 등산하기 어렵다.
아이젠이 없어도 겨울산행을 못하는 것은 아니지만,
수시로 넘어질 가능성이 높고, 산행하는 것이 너무 힘이 든다.
우리네 인생살이에도 눈보라가 칠 때가 많다.
그 때 꼭 필요한 것이 "감사한 마음"이라는 아이젠이다.
감사함이 없으면 산행도 인생도 괴로울 뿐이다.

2. 끝은 있는 거예요?

함께 등산한 부자유친회 어느 아들이
"끝은 있는 거예요?"라고 물었다.
나도 겨울산행을 해보지 않은지라 너무 힘들어서
산행을 중도에 포기하고 싶은 마음이 굴뚝 같았다.
아들하고만 가지 않으면 실제 그렇게 했을지도 모른다.
포기하고 싶은 마음을 포기했더니
병풍바위와 윗세오름 사이에 있는
천하 제일의 설경을 볼 수 있었다.
인생살이도 포기하지 않으면,
결국 '아름다운 끝'을 볼 수 있을 것이다.

3. 반드시 쉬어 가야 한다

산행할 때마다 느끼는 것이지만 "반드시 쉬어가야 한다."
쉼이 없는 산행은 고통만 가중되고, 결국은 포기하게 된다.
함께 등산하는 사람들과 음식도 나눠먹고,
이야기도 하면서 에너지를 보충해야 한다.
인생살이도 뒤를 돌아봐야 하지 않을까?
그래야 보인다. 아름다운 삶의 모습이 …

4. 오르막 보다 내리막에서 더 주의해라

오전에 산에 오를 때는 눈이 있어 푹신하니 걷기 좋았는데,
오후에 하산할 때는 아이젠도 무용지물이 될 정도로
무척 미끄러웠다.
산행을 마칠 때까지는 끝난 것이 아니다.
우리는 하나님이 부르실 때까지 열심히 살아야 할 의무가 있다.
아름답게 생을 마감해야 할 책무가 있다.

아빠와 아들의 라오스 여행기

1. 비어라오

비어라오(BeerLao) 라오스맥주 이름이다. 맥주이름조차도 불교국가답다. 나에게는 "마음을 비워라"로 들리기 때문이다.

우리 부자는 서울 반포중 부자유친 아버지회에서 주관하는 3박5일 (2015.12.11.~15.) 라오스여행에 동참했다.
반포중에 다니는 아들 18명(미래 반포중 학생이 될 초등학교 4학년 아들도 형 따라 왔다.)과 그 아들의 아버지 18명이 함께 하는 부자들 여행이다. 환송나오신 장명희 반포중 교장선생님 말씀에 의하면 "반포중 개교 이래 처음으로 가는 부자들 해외여행"이란다.

엊그제 아들에게 "우리 둘이 라오스 여행기 멋지게 써보자"고 제안했더니, 아들이 "A(에이)"라고 답했다. 사춘기 중학교 2학년 아들다운 본토식 영어발음이다. 그래서 '비어라오' 하기로 했다.

우리나라는 12월이 겨울이지만, 라오스는 12월 평균 최저기온이 16.7도, 평균 최고기온이 28.1도, 월 평균 일교차는 11.4도, 평균

강수량은 2.5mm로 겨울에는 거의 비가 내리지 않는다.

  12월 라오스는 가장 시원한 달이지만, 낮에는 우리나라 여름철 같이 덥기 때문에 얇은 반팔 옷을 챙겨가고, 일교차가 큰 편이어서 겉에 걸칠 긴 옷과 긴 바지도 챙겨가야 한다.

  그래서 나도 어제까지 입었던 내복을 벗어버리고, 가을 옷차림으로 나섰다. 두란노에서 운영하는 '아버지학교' 졸업할 때 받은 일명 '빠삐용 옷'을 입었다. 아버지학교에서 "나는 아버지다" 라는 말을 떠올리면서 …

  이번 여행에 함께 하지 못한 한 아버님이 반포에서 인천공항까지 왕복 관광버스를 후원해 주셔서 편하게 공항에 도착할 수 있었다.

  며칠전 아내가 물었다. "라오스까지 얼마나 걸려요?"
라오항공편으로 인천공항 12:10 출발, 비엔티엔공항 15:30 도착
"예, 3시간 20분 걸려요." 아내가 되물었다.
"그렇게 가까워요?" 공항에서 출국할 때 알았다.
비엔티엔 도착시간은 라오스 현지 시간이고, 라오스는 우리나라보다 2시간 빠르기 때문에 결국 5시간 20분 걸린다.

  우리가 이용한 라오항공 기내식도 여느 항공사처럼 닭고기와 소고기 두 종류 식사를 제공해주었다. 비어라오 라오스맥주도 무료로 제공했는데, 아무 때나 무제한으로 주는 것이 아니라 식사 때와 약 2시간 후 간식 줄 때만 1인당 1캔만 주고, 승무원이

맥주를 줄 때 캔을 따서 준다. 맛은 별로였다. 공짜라서 2캔 마셨다. 맛없는 맥주를 맛있게 먹는 비법이 있다. 맛있는 새우깡을 준비해서 먹으면 참 맛있다. 새우깡이 …

환전은 주거래은행에서 여행전 US달러로 환전하고, 라오스공항에서 라오스화폐 kip으로 환전하면 되는데, 큰 도시는 달러도 통용된다. 1달러 약 8,000kip이다.

여행가이드 말에 의하면, 라오스는
"시간이 멈춘 나라, 미지의 나라, 순수함을 감춘 나라"이고,
"40년 전으로 돌아간다고 생각하면 된다"고 한다.

비엔티엔 왓따이 국제공항은 2012년 일본 원조로 만들어졌다고 하는데, 동네 축구장 온 기분이었다. 라오스는 11~4월이 건기이고, 나머지 우기인데 무공해라서 비를 맞더라도 머리가 안빠진단다.
 공항에 내리자마자 반팔티로 바꿔 입어야 할 정도로 날씨가 우리나라 여름 같았다. 그렇지만 아침저녁으로는 쌀쌀하다.

라오스에서는 코 이하로 두손 모아서 합장하는 것이 전통인사법이다. "싸바이 디"는 반갑습니다, "컵자이 더"는 고맙습니다. "타오 다이"는 얼마예요?라는 말이다. 라오스어는 8성 (루앙프라방은 6성이다)이라서 발음이 어렵다고 한다.

라오스는 관광인프라가 거의 없다고 생각하면 된다. 대부분 관광명소는 4시에 문을 닫는데, 그것도 약 30분 정도 앞당겨서 문을 닫는 경우가 많고, 점심시간은 아예 문을 열지 않는다.

내가 타고 온 라오항공 비엔티엔 도착시간이 종전 오후 1시에서 3시 30분으로 변경되는 바람에 관광지에 들어가지 못하고, 밖에서 사진만 찍어야 했다.

비엔티엔에 도착해서 맨 처음 들른 곳이 '호 파깨우' 사원이었는데, 문이 닫혀있었다. 바로 옆에 있는 '왓 시사켓' 사원은 스님들이 계신 곳이라서 그런지 열려 있었다.

사원 명칭 중 '호'가 들어간 사원은 스님이 안계시는 곳이고, '왓'이 들어간 사원은 스님이 계시는 곳이라고 한다. 또한 라오스에 사시는 분의 설명에 의하면 '왓'은 절이고, '탓'은 탑으로 사리를 모신 곳이고, '호'가 들어가면 박물관이나 기념관 같은 곳이라고 한다. 대체로 사원이 작았다. 왓 시사켓 사원에서는 급하게 사진만 찍고 왔다.

라오스는 종교의 자유가 있지만, 남자는 인생에 한번은 출가를 해야한다고 생각하고, 1주일 단기 출가하는 경우도 많다고 한다. 불교 67%, 기독교 1.5%, 기타 31.5%이다. 비엔티엔 시내에서 버스 타고 갈 때 교회 한 곳을 봤다.

두번째로 간 곳은 부처님 갈비뼈와 머리카락이 보관되어 있다는 탓루앙 사원이다. 원래는 사원 가운데 있는 탑에 실제 황금으로 덮여 있었는데, 태국 군인이 침략했을 때 약탈해 갔다고 한다.

그래서 우리나라 한일전처럼 라오스도 태국과 축구경기를 할 때는 죽기살기로 한다고 한다. 이곳도 문을 닫아서 밖에서 사진만 찍고 왔다. 그곳에서 라오스 전통 남자 옷 두벌을 사서 입었다. 천으로 만든 옷이었지만, 참 시원했다.

라오스는 1893년부터 프랑스 보호령이 되어 지배를 받다가 프랑스령 인도차이나연방의 일부가 되었고, 1949년 7월 독립했다. 1975년 공산혁명을 통해 사회주의국가가 되었다. 면적은 우리나라의 면적은 우리나라의 1.1배인데, 인구는 약 700만 명, 노동인구는 390만 명, 농경지는 9.2%에 불과하고, 면적의 75%가 산이란다. 이 나라는 기차가 없다. 또한 방비엥에는 차가 교행할 정도의 도로가 가장 큰 도로인데, 횡단보도도, 차선도, 인도도 없다.

그 다음에 간 곳이 독립기념탑이 있는 '빠뚜싸이'이다. 미국이

공항 활주로 만들라고 준 시멘트로 만든 탑이라고 한다. 부자유친 플래카드를 들고 단체사진을 찍으려고 하니까 근처에 있던 경찰이 막는다. 라오스에서는 선동이 금지되어 있기 때문에 깃발이나 플래카드를 들고 사진을 찍을 수 없다고 한다.

 라오스 여성의 공통점은 무엇일까? 모두 머리가 길다는 점이다. 심지어 공무원은 머리가 길지 않으면 관공서에 출입할 수도 없단다. 또한 치마는 반드시 전통의상을 입어야하고, 화장도 짙게 하면 안된단다. 우리 버스 라오스 여자가이드도 전통의상을 입었다. 그리고 라오스에서는 모든 것이 자국민 우선이기 때문에 심지어 식당에서도 VIP석은 라오스국민 몫이다.

또한 라오스 사람들은 자신의 이름보다는 별명을 부른다. 우리 버스 여자가이드 이름도 쥐를 뜻하는 '루'였다. 저녁식사는 한국식당에서 돼지주물럭과 된장찌개를 먹었는데, 참 맛있었다. 식당에서 싸이의 참이슬 광고가 반가웠다.

식사를 마치고 버스로 약 4시간 거리에 있는 두번째 여행 도시인 방비엥으로 갔다. 밤에 차선도 없는 도로를 가는 것이라 조금 걱정되었지만, 하나님 도움으로 잘 도착했다. 우리가 탄 리무진 버스도 한국에서 운행하던 중고버스였고, 시내에서 한국 차를 자주 볼 수 있어 좋았다.

비엔티엔에서 방비엥 가는 도로가에 상가와 주택이 끊임없이 있는데, 대부분 단층이고, 문 닫힌 상가나 불꺼진 집에도 외부에 전등을 켜놓은 곳이 많았고, 가로등도 켜 있었다. 가난한 나라라지만 전기요금은 그리 안비싼가 보다. 주유소도 대체로 크고, 기름값은 라오스 경제규모에 비춰 볼 때 그리 싼 편은 아니었다. 식당 종업원 한달 급여가 80~120달러 정도라고 한다. 와이파이는 생각보다 잘 터지는 것 같다.

밤 11시경 숙소인 방비엥 THAVEXOK 호텔에 도착하자마자 아버지들끼리 다시 모여 새벽까지 이바구를 계속 했다. 내년에는 이 때 쯤 중국 시안을 가기로 결정했고, 여름에는 2박3일 지리산 산행하기로 했다. 아들들 보다 아버지들이 더 신나했다.

2. 블루라곤

　라오스에서 첫날밤은 아들과 함께 방비엥에 있는 THAVEXOK 호텔 묵고, 06:30 모닝콜로 일어났다. 이 호텔에서는 모닝콜을 남자 직원이 직접 방마다 다니면서 노크로 한다. 아침바람이 다소 쌀쌀하지만, 우리나라의 시원한 가을날씨다. 호텔 전경이 참 좋다. 한 겨울인데도, 주변에 꽃이 피어있다.

　라오스는 라오스 특유의 요리가 없는 듯 하다. 그렇지만 호텔 아침식사는 기대 이상으로 맛있었다. 오랜만에 우리나라 맥심커피 같은 라오스 믹스 커피도 한잔 했는데, 맛이 조금 떨어졌다. 그리고 보니 방비엥은 스타벅스 같은 브랜드 커피숍을 못본 것 같다. 외국인도 많이 오는데 … 외국인의 1/3은 한국인 같다. 그래서 그런지 상점 종업원은 대개 한국말로 가격을 이야기하고, 한국말이 병기된 안내판도 많다.

　호텔 식당 옆에서 건물 한 동을 짓고 있는데, 벽돌 쌓는 방법이 두 줄이 아니라 한 줄이다. 건축물에 들어가는 철근도 매우 얇고, 기둥 둘레도 한 뼘이 조금 넘을 정도로 고사리 크기만큼의 기둥으로 건물을 짓는다. 방비엥 시내 모든 건축현장이 다 그런 것 같다. 주로 단층이나 2층 건물을 짓고, 난방시설에 크게 신경을 안써도 되기에 그런 것 같다.

아침식사를 마치자마자 가는 길에 근처 재래시장을 들렸다. 우리네 시골 장터랑 비슷하다. 신기하게도 올챙이와 풍뎅이 같은 벌레도 판다. 라오스는 열대지방임에도 과일이 망고 외 별로 맛있는 과일이 없는 것 같다. 몽키바나나를 샀는데, 우리나라에서 산 것보다 조금 더 쫄깃한 것 같다.

트럭 뒷칸에 양쪽에 앉을 수 있게 개조한 '썽 태우'(두 줄이라는 뜻이다) 트럭을 타고, 그 유명한 블루라곤(푸른연못이라는 뜻이란다)으로 가는데, 가는 방법이 짱 좋다.

두 사람이 타고, 경주용차처럼 개조한 '버기카(전동카)'를 타고, 아들과 함께 약 40분간 달리는데 기분이 최고다. 흙길이라서 먼지가 나서 다소 불편했으나, 카 레이서처럼 신나게 달렸다. 달리면서 보는 전경은 말 그대로 그림이다.

블루라곤에 도착했는데, 생각보다는 연못이 다소 작았으나, 물속 깊이가 약 5m 정도로 깊었다. 물가에 있는 큰 나무 위에서 뛰어내리거나 타잔처럼 그네를 타고 가다 뛰어내린다. 아이들은 대부분 물속으로 뛰어들었으나, 아버지들은 몇 분만 뛰어들었다. 아들도 조금 머뭇거리다가 나무 높은 곳에서 주저하지 않고 뛰어내린다. 맞다. 세상살이는 그렇게 젖는 것을 두려워하지 않는 것이다.

그럼 나는 뛰어내렸을까? 나는 젖는 것은 두렵지 않는데, 수영을 못해 심장마비로 죽을까봐 겁나서 못뛰었다. 암튼 그렇게 물속으로 뛰어드는 것은 무료인데, 푸세식 화장실 사용은 4명당 1달러이다. 사람들이 많이 찾는 곳임에도 화장실 하나 제대로 구비해 놓지 않았다. 가이드조차 돈 내고 더러운 화장실을 이용하지 말고, 무료로 깨끗한 물 속을 이용하라고 한다.

블루라곤에서 다시 버기카를 타고 처음 출발했던 곳으로 갔다. 갈 때는 아들에게 운전을 시켜 달리는 버기카에서 사진을 찍을 수 있었다. 가끔 만나는 외국인들은 자전거 여행을 하는 사람이 많았는데, 우리 버기카 일행이 먼지를 일으키면서 가서 미안했다.

그 다음 간 곳이 수중동굴인 탐낭동굴이다. 튜브를 타고, 랜턴을 켜고 탐방을 하는데 상당히 길다. 탐낭동굴은 약 10분 정도 라오스 시골마을 지나 시골길을 걸어서 가는데, 참 정겨워서 좋았다. 가는 길에 흔들 다리를 건너고, 코끼리모양 바위가 있는 작은 탐쌍동굴도 들렸다.

라오스는 사람들도 날씬하지만 닭과 개도 날씬하다. 시골집들이 단층이지만 대체로 크고, 냇가의 물이 무척 깨끗했다. 기르는 소들은 예의가 없는지 길가에 소똥이 많다. 탐낭동굴은 옷이 모두 젖기에 아쿠아슈즈를 구비하는 것이 좋다. 나는 아쿠아슈즈를 준비하지 못해 그곳 상점해서 10달러를 주고 아들 것까지 2개 샀다.

탐낭동굴은 튜브를 타고, 줄을 잡아 끌면서 탐방을 하는데 군대에서 유격하는 기분이었다. 자연이 만든 천연 수중동굴은 참 경이로웠다.

탐당동굴을 둘러본 후 집라인(ZIPLINE)이라는 것을 탔다. 집라인은 막타워처럼 산 중턱까지 올라가 큰 나무 사이를 지그재그식으로 타고 내려오는 것이다. 함께 간 아버님 두분은 무섭다고 안타셨다. 나도 사실 겁나서 안타려고 했으나, 함께 간 최연장자 아버님이 타신다고 해서 그냥 탔다. 첫 번째 탈 때는 조금 겁났지만 몇 번 타다 보니 재미있었다. 목숨을 걸고 타는 것이라 스릴 있어 좋았다. 생각보다는 안전하다. 언제 또 그런 모험을 해볼 것인가? 할머니 할아버지도 타셨다. 1인당 50불이다.

세 번째로 간 곳은 쏭강에서 카약을 타고 묵고 있는 호텔(이틀밤 묵었다)까지 가는 것이다. 카약에 부자가 앞뒤로 타고, 맨 뒤에 현지인이 타서 노를 저어준다. 앞쪽에 탄 사람이 노를 젓지만 중간에 탄 사람도 노를 저을 수 있다. 약 30분간 카약킹을 했는데, 물에 빠지지 않고 즐겁게 탔다. 잠시나마 이순신 장군이 되어 수중전도 펼쳤다. 아쉽게도 나에게는 한 척의 카약 밖에 없었다. 강가 주변 이쁜 경관을 보는 것은 덤이다.

호텔에 도착해서 간단히 씻고, 단체로 발맛사지를 받으러 갔는데, 아들들 대부분이 첫 경험이란다. 첫 경험인지라 대기실에 앉아있는 모습이 꼭 사고치고 나서 교무실에서 대기하는 모습이다. 한시간 정도 발맞사지를 하고, 삼겹살이 무제한 리필되는 곳에서 배 터지게 저녁식사를 했다.

요즘 나의 회식자리에서 건배사는 늘 동일하다.
"우리 조국 대한민국을 위하여!"
내가 2013년 영화 '천안함 프로젝트' 상영금지 가처분사건을 수행하면서 나라를 지킨다는 것이 얼마나 귀한 일인지 절실히 느꼈기 때문이다. 이 나라는 군인들과 나랏님들만 지키는 것이 아니라 우리 모두가 각자의 삶터에서 나랏일 한다는 마음으로 일해야 하지 않을까? 그런데 오늘은 "라오스와 우리 조국 대한민국을 위하여" 건배를 했다. 우리 이웃나라가 잘 살아야 우리나라도 잘 사는 것이라 믿기에 …

저녁식사 후에는 식당 근처에 있는 유러피안거리를 둘러봤는데, 그냥 외국인들이 많이 찾는 거리에 불과하다. 방비엥에서는 최고의 번화가이겠지만, 내 눈에는 조금 북적거리는 시골장터였다. 또한 이곳이 우리나라라는 착각이 들 정도로 우리나라 사람들의 목소리를 자주 들을 수 있었다.

라오스는 공산주의 국가라서 그런지 곳곳에 공산국가임을 표시한 깃발과 라오스국기가 걸려있다. 또한 치안도 좋은 편이다. 그리고 방비엥 사람들은 상품을 거의 에누리 없이 판매하는 것 같다. 우리나라 돈으로 약 70원 정도인 500킵(kip)도 겨우 깎았다.

아들들은 호텔에 오자마자 족구를 했고, 아버지들은 안주로 사온 망고를 안주 삼아 대한민국 아줌마들 못지않은 이바구로 시간가는 줄 모른다. 나는 아버지들과 대화 중간에 나와 이 여행기를 쓴다. 밤이 깊었다. 아들은 피곤했는지 코를 골면서 잔다.
　아들, 잘자라. 사랑하고 축복한다.

3. 밥 보다 Wi-Fi

　라오스여행 세번째 날이다. 나도 나이가 들었나 보다. 어제 여행기 쓰느라 늦게 잤는데, 04:40에 일어났다. 어젯밤 반팔에 찬바람을 쐬서 그런지 약간의 감기 기운이 있다.

　오늘은 원래 아침식사 후 쉬다가 10시경 쇼핑센타 한 곳을 들른 다음 방비엥에서 점심식사를 하고 마지막 여행지인 루앙프라방으로 가는 것으로 변경했다. 덕분에 아들과 단 둘이서 호텔방에서 주일예배를 드렸다.

　예배드리고 밖에 나가 보니 이미 족구시합이 벌어졌다. 족구시합은 1학년, 3학년, 2학년 순으로 순위가 정해졌다. 족구 후에는 호텔

야외 수영장에서 수영시합을 했는데, 1,3학년 아빠와 아들팀, 2학년 아빠와 아들 단일팀이 1:1로 비겼다. 지금 이곳은 아들들의 천국이자, 아빠들의 천국이다.

아내가 보내준 교회주보를 토대로, 사도신경, 아들의 대표기도, 찬송가 438장 찬송(내 영혼이 은총 입어), 성경말씀 야고보서 2장 14~24절 함께 낭독, 박정수 담임목사님 설교말씀(주제 : 행함이 없는 헛된 믿음) 요약문 낭독, 김양홍 기도, 주기도문 순으로 예배를 드렸다. "영혼 없는 몸이 죽은 것 같이 행함이 없는 믿음은 죽은 것이니라"(야고보서 2장 26절) 1999년 결혼 한 이후 다리를 다쳐 딱 한번 주일성수(일요일 교회에서 예배드리는 일)를 못했는데, 이번이 두 번째다. 라오스는 공산국가이면서도 종교의 자유가 있는 나라인데, 방비엥에는 교회가 없다고 한다.

점심식사는 묵은지 김치찌개, 찌개에 라면사리를 넣어 억었는데, 맛이 정말 예술이다. 우리 아들이 Wi-Fi가 되는 식당에 도착하자 모두 고개를 숙여 예배(게임)를 드리기 시작한다. 밥 보다 Wi-Fi다. 그래서 내년 중국 시안 여행 때는 핸드폰을 압수하자는 의견을 모았다.

식사 후 세번째 여행도시인 루앙프라방으로 길을 떠났다. 버스로 약 7시간 정도 걸려 밤 8시경 도착했다. 루앙프라방으로 가는 길 (약 230km)은 힘든 여정이었지만, 라오스는 곳곳에 보물을 감춰두고 있었다.

멀리 보이는 산들은 낙타 봉우리처럼 생겼는데, 참 산이 아름답다. 억새풀 같이 것이 꼭 나무처럼 크다. 뙤약볕에서 아이를 업고 일하는 아낙도 보인다. 어린 아이들이 천진난만하게 웃으면서 놀고 있다. 라오스는 평균수명이 56.29세(2008년 통계) 밖에 되지 않아서 그런지 나이 많으신 할머니 할아버지 보다는 젊은 아낙과 아이들이 많이 보였다.

루앙프라방 가는 도로도 비엔티엔에서 방비엥 가는 도로처럼 도로가에 상가와 주택이 쭉 이어져 있다. 마을도 도로를 중심으로 좌우측에 형성되어 있다. 왜 그럴까? 도로가는 차들이 다녀서 시끄럽고, 먼지도 나고, 아이들도 위험할텐데 ... 짐작컨대 도로가를 따라 전봇대가 세워져 있기에 전기를 끌어다 쓰기 편해서 그러는 것 아닐까? 그리고 마을마다 우물이 보이는데, 모두 펌프식이 아닌 수도꼭지식으로 되어 있다. 나름 라오스정부에서 전기와 물은 잘 공급해 주는 것 같다. 그런데 가이드 설명에 의하면, 라오스는 60~100개 정도의 부족들이 있고, 그렇게 산 위에 집을 짓고 사는 사람들은 그 부족들에게 밀려서 산 위에 산다는 것이다. 그럼 그들은 산 속에서 무슨 일을 하면서 먹고 사는 걸까? 답은 "산벼"였다. 산 중간 중간에 산 윗부분이 개간된 곳이 보이는데, 그곳이 산벼(찹쌀)를 재배하는 곳이란다.

라오스는 산불이 많이 나는데, 정확히는 산불을 내는 거란다. 개간하기 위해서 … 또한 산에서 채취한 약초를 팔아서 생계를 유지한다고 한다.

루앙프라방으로 가는 길은 옛 대관령 넘어가는 길처럼 엄청 구불구불한 길이다. 차선도 없고, 반사경조차 없다. 더군다나 오토바이도 다니고, 사람도 다닌다. 내가 타고 간 버스와 반대편 승용차가 아슬아슬하게 빗겨 가기도 했다. 차라리 그곳은 밤길이 더 안전해 보였다. 반대편 차량의 불빛이 있어 피할 수 있기 때문이다.

가는 도중 외국인들이 탄 봉고차 한대가 고장나서 서 있었는데, 무척 염려되었다. 우리나라처럼 정비시스템이 구축되어 있지 않을텐데, 저 차를 어떻게 수리해서 갈까?
관광용 차는 우리나라와 일본에서 사용한 중고차들이 많을텐데 … 암튼 남 일이지만 내 일처럼 걱정이 되었다.

방비엥은 작은 도시라서 그런지 병원을 보기 어려웠고, Clinic은 하나 봤다. 라오스 국민들의 평균 수명이 짧은 이유 중 하나도 의료 시스템이 미흡해서 그러지 않을까? 특이한 점은 초가집으로 보이는 가난한 집도 모두 TV 위성안테나가 있다. 아마 라오스에서 TV 판매점을 하면 성공할 것 같다. 같이 동행한 아버님은 이미 중국산이 점령했을 것이라고 짐작했다.

이곳은 주유소가 휴게소 역할을 한다. 우리 일행이 1차로 쉰 곳도 주유소였다. 주유소 주유기는 2대인데, 크기가 축구장만 하다. 남자 화장실의 소변기가 꽤 높은 위치에 있어서, 키가 170cm가 안되면 소변을 누기 어렵게 되어 있다. 라오스 남자들은 대체로 키가 작던데, 참 아리송하다. 화장실 입구에 놓인 기도하는 여인상이 불교국가임을 느끼게 했다. 나팔꽃처럼 생긴 진한 보라색 꽃이 이쁘게 피어 있다.

2차로 쉰 곳은 해발 1,500m 정상에 있는 휴게소인데, 정말 멋진 곳이다. 어느 아버님은 휴게소에서 10개월 전 영국에서부터 그곳까지 자전거를 타고 온 영국남자를 만났단다. 그는 왜 그 고된 일을 하고 있을까? 그동안 그에게는 참 많은 일이 있었으리라. 그가 안전하게 자전거여행을 마치고 돌아가 그 나라를 위해 귀하게 쓰임받기를 기원한다.

해발 1,500m 휴게소에는 명물이 하나 있다. 푸른 산과 하늘이 보이는, 그야말로 전망이 끝내주는 여자화장실이다. 덕분에 여자화장실 들어가 사진도 찍었다. 또한 석양도 참 아름답다. 아들이 컴퓨터 바탕화면으로 쓰고 싶다고 한다.

또 버스 타고 가는 도중에 특이한 장면을 목격했다. 그렇게 산 위에 사는 14~20살 미혼남녀들은 12월에 1주일 정도 예쁜 옷을 입고 나란히 서서 공을 주고 받으면서 맞선을 보는 관습이 있단다.
 그렇게 썸을 타다가 눈이 맞으면(혼인이 성사되면) 남자는 남자끼리, 여자는 여자끼리 모여서 파티를 한다. 버스 타고 가는데 창고 같은 곳에서 젊은 남자들이 참 재미있게 노는 모습을 봤다. 나는 보지 못했지만, 그 반대편에서는 여자들이 그렇게 놀았던 것이다. 통상 산 위에 사는 라오스 처녀들은 15~16살 때 혼인을 한다고 한다.

저녁식사는 루앙프라방 시내 메콩강가에서 닭도리탕과 그 탕에 넣어 먹는 쌀국수가 별미였다. 저녁식사 후 해 떨어지고, 밤 10시까지만 열리는 야시장에서 쇼핑을 했다. 그런데 그곳 상인들은 방비엥 상인들과 달리 바가지 씌우기 대가들 같았다. 일단 얼마냐고 물으면, 얼마라고 대답하고, 주저하면 그 때부터 가격이 5,000킵씩 내려간다. 협상을 잘하면 얼추 40~50% 정도 할인가격에 살 수 있다.

숙소인 반사나 루앙프라방 호텔에 도착해서도 무조건 반사적으로 아버지들끼리 모였는데, 어느 아버님이 야시장에서 뱀이 전갈 꼬리를 물고 있는 뱀술을 사와서 다들 맛있게 마셨다. 나는 무서워서 못마셨다. 호텔 내 수영장이 있는데, 조경수로 바나나 달린 나무가 있다. 맛있어 보였지만 꾹 참았다.

4. 루앙프라방

라오스여행 마지막 날이다. 기상시간이 점점 빨라진다. 모닝콜 시간이 5시인데, 어제보다 정확히 한 시간 빠른 새벽 3시40분에 눈이 떠졌다. 정신 나간 새벽닭이 그 시간에 울긴 했다. 새벽 5시40분경 호텔에서 출발하여 유네스코 문화유산으로 등록된 스님들의 탁발 (托鉢, 승려들이 걸식으로 의식을 해결하는 방법이다. 鉢은 음식을 담는 그릇인 발우를 가리키고, 탁발이란 걸식하여 얻은 음식을 담은 발우에 목숨을 기탁한다는 의미이다) 행렬을 참관했다. 탁발행렬은 머리를 자르는 행렬이 아니라 시민들이 매일 새벽 스님들에게 음식을 공양하는 것이다.

라오스 국민들은 무릎을 꿇은 상태에서 공양을 하는데, 외국인들은 작은 목욕탕 의자 같은 것에 앉아서 봉양한다. 가게에서 공양할 쌀밥을 닮은 그릇과 밥을 푸는 주걱을 1인당 3달러에 구입할 수 있고, 1달러를 더 주면 과자종류도 봉양할 수 있다. 스님들이 공양 받은 것이 가득차면 중간 중간에 있는 큰 통에 비우고, 사원에서 그 통을 수거해 간다. 나와 아들은 공양에 참여하지는 않았다.

탁발을 관람한 후 아침 재래시장을 갔다. 어제 들른 야시장이 관광상품을 주로 파는 곳이라면, 재래시장은 말 그대로 우리나라 재래시장이다. 관광상품도 싸고, 먹거리도 많고, 과일도 많다.

이어서 재래시장 근처에 있는 왕궁박물관을 관람했는데, 마지막 왕이 국사를 보던 곳과 왕과 왕비의 침실 등을 둘러보는 시간이었다. 사진촬영이 금지되고, 무릎이 보이는 반바지를 입은 사람은 그곳에서 제공하는 긴 바지로 갈아입어야 들어갈 수 있다. 왕실이 참 소박해서 좋았고, 특이하게도 왕과 왕비의 침실이 나뉘어 있었다. 각방을 쓰셨나 보다.

왕궁박물관도 점심 때 1시간은 문을 닫았다. 참 신기한 동네이다. 직원들의 점심시간을 보장해주기 위해서라면 직원을 더 채용하여 직원들이 서로 번갈아 가면서 점심식사를 하면 될텐데, 왜 굳이 유료 관광객을 점심 때마다 쫓아내는 것일까? 왕궁박물관 내에 멋진 반얀 나무가 있는 왓 아함(Wat Aham) 사원도 참 이쁘다.

그리고 버스로 다시 이동하여 라오스에서 가장 아름다운 사원인 왓 시엥 통(Wat Xieng Thong) 사원을 찾았다. 햇살을 받아 반짝이는 황금색 지붕이 찬란한 왓 시엥 통 사원은 루앙프라방에서 가장 훌륭한 사원으로 꼽히는 곳으로 1560년에 세워진 유서 깊은 사원이다.

그곳에는 실제 왕의 상여(喪輿)가 보관되어 있었는데, 왕실 규모와는 다르게 무척 화려했다. 라오스 국민들은 대부분 불교도로서 윤회를 믿기에 그렇게 화려하게 꾸민 상여로 왕을 저승으로 보냈나 보다.

루앙프라방은 전통 건축 및 라오족의 도시 구조와 19~20세기 유럽의 식민 통치자들이 세운 건축의 융합을 보여 주는 곳으로 도시 전체가 유네스코 세계유산으로 등재된 지 올해가 20년 째 된다.
이곳에는 역사적으로 가치 있는 아름다운 건축물들이 많고, 독특하고 놀라울 만큼 잘 보존된 도시 경관은 영화 세트장을 방문하는 기분이 든다.

비어라오 맥주 맛은 그 때 그 때 다른 것 같다. 어제 저녁식사한 금빛노을 한국식당에서 오늘은 점식식사로 돼지포크를 먹었다. 그런데 식사와 함께 마신 비어라오 맥주맛이 일품이다. 라오항공 기내에서 먹었던 맥주 맛이 아니었다. 시원해서 그럴까? 아니면 적응이 돼서 그럴까? 메콩강의 풍경을 보면서 좋은 사람들과 함께 마셔서 그럴까? 암튼 비어라오 맥주 맛은 카멜레온이다. 메콩강 폭은 한강 보다 조금 작아 보이고, 강물이 흙탕물이지만 아들과 함께 해서 그런지 모든 것이 이뻐 보인다.

맛있게 점심식사를 한 다음 간 곳은 라오스에서 가장 아름다운 폭포인 쾅시폭포이다. 천연 석회암 지형폭포로 신비한 물빛이 장관이다. 컴퓨터 바탕화면에 등장하는 그 폭포이다. 폭포 아래에서는 자유롭게 수영도 할 수 있다.

쾅시폭포는 직접 눈으로 봐야 한다. 글로는 도저히 그 멋진 광경을 묘사할 수 없다. 나는 아들과 함께 폭포 위까지 올라가 봤다. 폭포 위에서 내려다 보는 폭포는 조금 아찔했지만, 그 또한 참 멋있었다.

　다만, 폭포 위로 올라갈 때는 등산화 같은 것을 신고 올라가야 한다. 조금 가파르고 조금 미끄럽기 때문이다. 몇몇 아들들은 쾅시폭포 아래에서 수영도 하였다. 서양 사람들은 남녀가 아예 수영복 차림으로 와서 즐겁게 수영을 하는 모습을 볼 수 있었다.

　여행일정의 마지막은 왕궁박물관 맞은 편 324개 계단을 올라가서 루앙프라방 시내를 볼 수 있는 150m 푸씨산을 갔다. 나는 아들이 배탈이 나서 산에 올라가지 못한다고 하여 함께 산 입구에서 시간을 보냈다. 아들은 배탈이 심하게 났는지, 저녁식사도 못하다가 어느 아버님 배려로 밥을 끓여서 밥을 겨우 먹었다. 저녁식사는 어제 저녁식사와 오늘 점심식사를 먹은 한국식당에서 했다.

아들과 함께 몇 명이서 식당에 먼저 도착하여 식당주인으로부터 라오스에 관한 재미있는 이런 저런 이야기를 들을 수 있었다.

라오스는 외국인의 부동산 소유가 금지되어 있어 라오스 국민 명의로 취득하거나 현지 법인 형태로 소유할 수 밖에 없다.
루앙프라방은 외국인이 임차하려면 계약기간 동안의 월차임을 일시불로 지불하는 형태를 선호하고, 비엔티엔은 계약기간을 정하되 매년 1년치 월차임을 지불하는 형태를 선호한다고 한다.

그리고 라오스는 남자가 여자에게 장가를 든다고 한다. 여자집이 돈이 많으면 남자가 지참금을 많이 갖고 가고(약 3~5만달러), 여자집이 돈이 적으면 적게 갖고 간다. 경제권을 여자가 갖고 있고, 남자는 머슴 취급받는단다. 그래서 라오스에서 나이든 남자가 젊은 여자에게 장가드는 것이 흉이 아니라고 한다.

라오스는 초등학교가 5년제이고, 중고등학교 7년제인데, 초등학교만 의무교육이다. 대학진학률은 약 10% 정도라고 한다. 학생들은 교복을 착용하고, 많은 학생들이 자전거로 통학을 한다. 시내에서는 초등학생처럼 생긴 어린 아이가 오토바이를 운전하는 것을 봤다.

한편 라오스에서 법인세 제일 많이 내는 회사가 '비어라오'이고, 두번째 세금 많이 내는 회사가 우리 한국인이 대표로 있는 코라우라고 한다. 코라우는 중고버스 수입업체로 출발했는데, 지금은 트럭를 개조해서 택시를 만들어 판매까지 한다고 한다. 라오스의 연 수출규모는 21.31억달러(2011년), 연 수입규모는 23.36억달러(2011년)이다. 참고로 루앙프라방에는 골프장이 1개 밖에 없어 그린피가 100달러 정도이고, 수도인 비엔티엔에는 골프장이 5개가 있어 그린피가 60달러 정도라고 한다. 루앙프라방은 방비엥과는 달리 도로에 차선도 있고, 가끔 횡단보도도 있고, 로타리도 있고, 트럭을 개조한 택시도 있고, 버스터미널도 있다.

저녁식사를 모두 마친 후 밤 9시30분경 식당에서 공항으로 출발하여 루앙프라방공항에 밤 10시경 도착했는데, 그 시간 공항 내 환전소는 문이 닫혀 있었다. 공항에도 면세점은 있으나 상점도 몇개 안되고, 파는 상품도 대부분 동일하고, 상품가격도 대체로 너무 비싸다. 따라서 라오스 화폐 kip은 모두 사용하거나, 시내에서 환전하고 오는 것이 좋다.

경제규모면에서는 라오스와 우리나라는 격이 다를 정도로 우리나라가 더 잘 산다. 과연 우리나라 국민들은 라오스 국민들 보다 경제규모의 크기만큼 더 행복할까?
우리 아이들에게 국영수만 가르칠 것이 아니라 더불어 함께 사는 것이 참 행복임을 가르쳐야 하지 않을까? 아니 우리 부모들부터 지금 당장 함께 더불어 사는 따뜻한 사회를 만들어야 하지 않을까?

여야 정치인들이 싸우더라도 우리들은 서로 화합하고, 서로 격려하고, 서로 사랑하면서 살아가야 하지 않을까? 반포중 부자유친 아버지회 아버지들 모두 우리 아들들이 서로 더불어 사는 세상을 만드는 참 일꾼이 되길 바라는 마음으로 이번 라오스 여행을 함께 했다고 본다.

반포중 부자유친 아버지회의 치명적인 약점이 하나 있다. 그건 "너무 건전하다"는 것이다. 늘 함께 하는 아버지들을 통해 나의 모습을 뒤돌아 보면서 많이 배운다. 아들과 함께 한 3박 5일간의 라오스여행은 평생 잊지 못할 것 같다. 또 잊지 않기 위해 이 여행기를 썼다. 먼 훗날 이 여행기가 아들과 나를 더 행복한 추억의 시간으로 안내할 것으로 확신한다.

배우자의 인권

1. 배우자의 인권이란?

 배우자란 혼인으로 말미암아 결합된 남녀의 일방을 상대방에 대하여 부르는 말이다. 민법상 배우자는 친족이지만, 촌수는 무촌(無寸)이다.

 배우자를 친족에 포함시키는 입법례는 구미에는 없다. 배우자의 신분은 혼인(신고)에 의하여 취득되고, 혼인의 해소에 의하여 상실한다. 따라서 혼인신고가 되어 있지 않으면 배우자가 아니라 내연관계에 불과하다.

 인권이란 인간으로서의 존엄과 가치 및 자유와 권리를 말하므로, '배우자의 인권'이란 배우자로서 존중받아야 할 자유와 권리라고 지칭하자. 인터넷을 검색해 봐도 배우자의 인권에 대해 논의하거나 설명한 글을 찾지 못했다. 분명 중요한 인권 중의 하나임에도 전혀 논의되지 않는 이유는 누구나 다 아는 것이라서 그럴까? 아님 이는 배우자끼리 알아서 할 부분이라서 그러는 것일까? 아래에서 배우자의 인권으로 논의될만한 것에 대해 살펴보기로 한다.

2. 배우자간 동거 요구권(민법 제826조)

(1) 부부는 동거하며 서로 부양하고 협조하여야 한다. 그러나 정당한 이유로 일시적으로 동거하지 아니하는 경우에는 서로 인용하여야 한다.(민법 제826조 제1항) 부부의 동거장소는 부부의 협의에 따라 정한다. 그러나 협의가 이루어지지 아니하는 경우에는 당사자의 청구에 의하여 가정법원이 이를 정한다.(민법 제826조 제2항) 이와 같이 배우자는 상대방에게 동거를 요구할 권리가 있다. 그렇지만 상대방이 동거의무를 불이행한 경우에는 동거를 명하는 직·간접강제는 허용되지 않으며 단지 이혼원인이 될 뿐이다. (김형배, 제3판 민법학강의, 1382쪽).

(2) 배우자간 동거 요구권에는 배우자간 성관계 요구권도 당연히 포함되어 있다고 볼 수 있다. 그렇다면 배우자간 성관계 거부권은 없는 것일까? 민법 제826조 제1항에서 '정당한 이유로 일시적으로 동거하지 아니하는 경우에는 서로 인용하여야 한다'고 명시하고 있는 점에 비추어 볼 때 성관계 거부권도 인정된다고 봐야 하지 않을까? 다만, 정당한 이유가 없이 성관계를 거부할 경우에는 어떻게 될까?

2015년 5월 서울고등법원은 남편 A 씨(45)가 10년 간 성관계를 거부했다는 이유로 아내 B 씨(여·43)를 상대로 낸 이혼 및 위자료

청구 소송 항소심에서 원고 패소 판결한 바 있고, 하급심판결 중에는 이와 반대되는 판결도 있다. 결국 배우자간 성관계 문제는 사안별로 달리 판단할 것이기는 하나, 일응 정당한 이유도 없이 성관계를 거부한 경우에는 혼인을 계속하기 어려운 중대한 사유에 해당하여 이혼원인이 될 수 있다고 본다.

(3) 또한 형법은 2012. 12. 18. 개정을 통해 '폭행 또는 협박으로 사람을 강간한 자는 3년 이상의 징역에 처한다.'(형법 제297조)고 규정하여, 강간죄의 객체를 '부녀'에서 '사람'으로 변경하였다. 그와 같이 강간죄의 객체는 사람이기에 배우자가 상대방을 폭행 또는 협박으로 강간할 경우에는 남편이든 아내든 강간죄가 성립한다고 보는 것이 타당하다.

  2015년 10월 서울중앙지방검찰청은 강간 등의 혐의로 심씨(여,40)를 구속 기소했다. 심씨는 남편 A씨(37)를 오피스텔에 감금시킨 뒤 강제로 성관계한 혐의를 받고 있다.
  2013년 5월 대법원이 부부간 강간죄를 인정한 뒤 아내가 피의자로 구속된 첫 사례다. 강간죄의 피해대상이 '부녀'에서 사람으로 확대됐기 때문에 심씨는 사법역사상 최초로 강간죄로 구속기소된 첫 번째 여성이기도 하다.
  지금껏 성폭행 사건의 피해자는 '여성' 뿐이었지만 이번 사건의 피해자는 '남자'인 A씨다. 더구나 A씨는 성폭행을 당한 뒤 경찰서를 헐레벌떡 찾을 정도로 극심한 공포에 시달렸다고 주장하고 있다.
(일요신문 2015. 11. 9.자 기사내용)

남편을 상대로 한 강간죄 사건 재판이 진행중이다. 남편이 아내로부터 생명의 위협을 느낄 만큼 위태로운 상황에서도 성관계가 가능할까? 이는 성의학 전문가의 감정결과, 피해자인 남편 진술의 신빙성 등을 종합하여 판단할 문제이지만, 강간죄는 충분히 성립할 수 있다고 본다.

3. 배우자의 부양 및 협조 요구권(민법 제826조)

(1) 부부 사이의 부양의무는 직계혈족이나 생계를 같이하는 친족간 부양과는 달리(민법 제974~979조) '무조건적 부양'이다.
부부 사이의 부양의무는 그 내용이 재산적인 것이기 때문에 일방이 부양의무를 위반한 경우, 타방은 이에 대하여 부양청구의 심판을 청구할 수 있으며, 부양이행명령이 있음에도 불구하고 이를 이행하지 않은 경우에는 가사채무의 이행확보절차에 따른 강제집행이 가능하다. 또한 부양의무위반은 악의의 유기 또는 혼인을 계속하기 어려운 중대한 사유에 해당하므로 이혼원인이 될 수 있다.(김형배, 위 책, 1382~1383쪽)

(2) 부부의 일방이 협조의무를 이행하지 않는 경우 강제이행의 방법이 없으며 혼인을 계속하지 어려운 이혼원인에 해당될 뿐이다.

4. 배우자간 정조의무

 명문의 규정은 없으나, 중혼(重婚)금지규정이나 배우자의 부정행위를 재판상 이혼원인으로 규정한 것으로 보아 양 당사자가 정조의무를 진다는 것은 명백하다. 구 민법은 처의 간통만을 이혼원인에 해당하는 것으로 하였으나, 현행 민법은 부정한 행위를 부부에게 평등하게 이혼원인으로 규정하고 있다.(민법 제840조 제1항)

 배우자 일방이 정조의무를 위반한 경우에는 이혼원인이 될 뿐만 아니라 그 일방은 손해배상책임도 부담한다. 그리고 부정한 행위의 상대방도 배우자 있음을 알고서 정을 통한 때에도 공동불법행위자로서 손해배상책임을 지게 된다.(김형배, 위 책, 1383쪽)

 법원실무상 부정한 행위의 상대방에게 부과하는 위자료는 약 1,000만원 정도이다.

5. 부부의 공동생활비용 부담 요구권(민법 제833조)

 민법 제정 당시에는 '부부의 공동생활에 필요한 비용의 부담은 당사자간에 특별한 약정이 없으면 부(夫)가 이를 부담한다.'고 규정하였다가, 1990년 민법을 개정을 통해 특별한 약정이 없으면 '부부가 공동으로 부담'하는 것으로 변경하였다.(민법 제833조) 그러므로 배우자는 상대방에게 부부의 공동생활에 필요한 비용을 부담하도록 요구할 권리가 있다 할 것이다.

6. 친권 공동행사요구권(민법 제909조)

부모는 미성년자인 자의 친권자가 된다. 양자의 경우에는 양부모(養父母)가 친권자가 된다.(민법 제909조 제1항)

친권은 부모가 혼인중인 때에는 부모가 공동으로 이를 행사한다. 그러나 부모의 의견이 일치하지 아니하는 경우에는 당사자의 청구에 의하여 가정법원이 이를 정한다.(같은 조 제2항)

부모의 일방이 친권을 행사할 수 없을 때에는 다른 일방이 이를 행사한다.(같은 조 제3항).

친권자는 자를 보호하고 교양할 권리의무가 있다.(민법 제913조) 자는 친권자의 지정한 장소에 거주하여야 한다.(민법 제914조) 친권자는 그 자를 보호 또는 교양하기 위하여 필요한 징계를 할 수 있고 법원의 허가를 얻어 감화 또는 교정기관에 위탁할 수 있다. (민법 제915조)

이처럼 배우자는 자에 대하여 친권을 행사할 권리가 있는데, 요새 남편들은 친권을 아내에게 일임하는 경우가 많은 것 같다. 자를 교양하는 것은 권리만이 아니라 의무임을 잊지 말자.

7. 배우자의 부모 존중요구권

재판상 이혼원인으로 민법 제840조 4호는 '자기의 직계존속에 대한 심히 부당한 대우'를 들고 있고, 같은 조 3호에서는 '배우자

또는 그 직계존속으로부터의 심히 부당한 대우'를 이혼원인으로 들고 있다. 결국 배우자는 서로가 서로의 부모를 존중하여야 하고, 또한 존중받을 권리가 있다고 봄이 타당하다. 이는 법 이전에 윤리 문제이다.

8. 가사일 분담 요구권

민법 제240조는 수지(樹枝), 목근제거권(木根除去權)까지 자세히 규정하고 있다. 즉 인접지의 수목가지가 경계를 넘은 때에는 그 소유자에 대하여 가지의 제거를 청구할 수 있고, 그 청구에 응하지 아니한 때에는 청구자가 그 가지를 제거할 수 있다.

또한 인접지의 수목뿌리가 경계를 넘은 때에는 임의로 제거할 수 있다. 그런데 민법에는 그렇게 사소한 것까지 자세하게 규정하고 있음에도 청소, 세탁, 설겆이 등 가사일을 배우자간 분담하여야 한다는 조항은 없다. 당연한 것이라서 규정하지 않은 것일까? 위에서 살펴본 바와 같이 배우자간에는 공평하게 혼인생활에 권리와 의무를 부여하고 있는 점에 비추어 볼 때 당연히 가사일 분담 요구권도 있다고 봐야 할 것이다. 그런데 만약 상대방이 그 요구를 들지 않는 경우에는 결국 이를 강제할 방법이 없기 때문에 혼인을 계속하기 어려운 이혼원인에 해당될 뿐이다.

9. 일상생활에서의 배우자의 인권

(1) 일상생활에서 생각해 볼 수 있는 배우자의 인권은 무엇이 있을까? 일단 종교의 자유는 헌법 제20조 제1항에서 '모든 국민은 종교의 자유를 가진다.'고 명시하고 있기 때문에 배우자가 상대방에게 종교를 강요할 권리는 없다고 본다.

(2) 배우자간에는 여행이나 등산 등 취미생활을 함께 하자고 요구할 권리가 있을까? 헌법 제17조는 '모든 국민은 사생활의 비밀과 자유를 침해받지 않는다'고 명시하고 있고, 제14조에서 '모든 국민은 거주·이전의 자유를 가진다.'고 명시하고 있기 때문에 배우자가 상대방에게 여행이나 등산 등 취미생활을 함께 하자고 요구할 권리는 없다고 본다. 그렇지만 취미생활을 함께 하자는 배우자의 요구에 대해 상대방은 민법상의 동거의무처럼 '정당한 사유'가 없는 한 거절할 수 없는 것 아닐까?

(3) TV 채널 선택권은 누구에게 있을까?
이는 법적인 문제가 아니라서 더 어려운 문제이다. 일응 배우자 두 사람 모두에게 TV 채널 선택권이 있다고 봄이 타당하지만, 두 사람이 선호하는 채널이 다를 때는 충돌이 일어난다. 그럴 때는 먼저 리모콘을 집은 사람에게 우선권을 줘야 하지 않을까? 암튼 어려운 문제이다.

10. 배우자의 인권은 등기해야 할까? 신탁해야 할까?

(1) 등기(登記)란 사실을 널리 밝히기 위하여 일정한 사항을 등기부에 적는 일을 말한다. 주로 권리의 보호, 거래의 안전을 도모하기 위하여 행해진다. 신탁(信託)이란 위탁자(맡기는 자)가 특정한 재산권을 수탁자(맡은 자)에게 이전하거나 기타의 처분을 하고 수탁자로 하여금 수익자의 이익 또는 특정한 목적을 위하여 그 재산권을 관리·처분하게 하는 법률관계를 말한다.

(2) 그렇다면 배우자의 인권은 그 권리를 보호하기 위해 등기를 해야 할까? 아니면 상대방에게 그 권리의 처분을 맡기는 신탁을 해야 할까? 이는 각자의 가치관의 문제이다. 나의 모든 권리를 상대방에게 맡긴다면 나는 상대방을 존중하지 않을 수 없을 것이다. 존중하지 않으면 수탁자인 상대방은 나의 권리를 임의대로 처분해 버릴 수도 있기 때문이다. 서로가 서로의 인권을 상대방에게 신탁하면 어떻게 될까? 서로가 서로를 존중하게 되지 않을까? 그래서 부부관계는 등기관계보다는 신탁관계가 더 행복한 부부생활을 할 가능성이 높다고 생각한다.

11. 성경에서 보는 바람직한 남편과 아내

 아내들이여 자기 남편에게 복종하기를 주께 하듯 하라 이는 남편이 아내의 머리 됨이 그리스도께서 교회의 머리 됨과 같음이니 그가 바로 몸의 구주시니라 그러므로 교회가 그리스도에게 하듯 아내들도 범사에 자기 남편에게 복종할지니라 남편들아 아내 사랑하기를 그리스도께서 교회를 사랑하시고 그 교회를 위하여 자신을 주심 같이 하라 이는 곧 물로 씻어 말씀으로 깨끗하게 하사 거룩하게 하시고 자기 앞에 영광스러운교회로 세우사 티나 주름 잡힌 것이나 이런 것들이 없이 거룩하고 흠이 없게 하려 하심이라 이와 같이 남편들도 자기 아내 사랑하기를 자기 자신과 같이 할지니 자기 아내를 사랑하는 자는 자기를 사랑하는 것이라 누구든지 언제나 자기 육체를 미워하지 않고 오직 양육하여 보호하기를 그리스도께서 교회에게 함과 같이 하나니 그러므로 사람이 부모를 떠나 그의 아내와 합하여 그 둘이 한 육체가 될지니 이 비밀이 크도다 나는 그리스도와 교회에 대하여 말하노라 그러나 너희도 각각 자기의 아내 사랑하기를 자신 같이 하고 아내도 자기 남편을 존경하라(에베소서 5:22~33)

성경은 위와 같이 '남편에게는 아내 사랑하기를 자기 자신과 같이 하고, 아내는 자기 남편에게 복종하기를 주께 하듯 하라'고 하고 있다. 심지어 아내에게는 '범사에 자기 남편에게 복종하라'고 하고 있다. 그런데 지금 시대는 아내가 남편에게 복종하는 것이 아니라 남편이 아내에게 복종하는 경우가 많은 것 같다.

일응 이는 성경적이지 못한 태도인 것으로 보이나, 남편은 자기 아내 사랑하기를 자기 자신을 사랑하듯 하라고 하였기에 자기 몸처럼 사랑하는 사람이 자신에게 복종을 요구하는 경우에 응하는 것이 성경말씀대로 사랑하는 것이 아닐까?

결국 남편이 아내에게 복종하든 아내가 남편에게 복종하든 한 쪽이 복종하면 성경으로는 딱 맞는 배우자의 모습이다. 어느 한쪽이 복종하면 절대 이혼하는 일은 없을 것이다.

12. 맺음말

성경은 '사람이 부모를 떠나 그의 아내와 합하여 그 둘이 한 육체가 되라'고 한다.(에베소서 5:31) 여기서 부모를 떠난다는 말은 장소적으로 따로 사는 것 뿐만 아니라, 정신적으로도 완전히 독립하는 것을 말한다.

부부는 완전히 독립하라는 것이다.(이수성결교회 박정수 목사 주례사 일부) 그러므로 배우자는 서로가 서로의 인권을 상대방에게 신탁하여 그 처분을 상대방에게 맡기고, 모든 문제를 법 보다는 서로 기도하면서 대화로 해결하여야 할 것이다.

노숙인의 인권

 노숙인의 처우와 인권의 문제를 어떻게 접근해야 할까? 참 어려운 숙제이고, 지금 우리들에게 당면한 문제이다. 그렇지만 이 숙제의 해답은 헌법에 있다.

 헌법 제10조 '모든 국민은 인간으로서의 존엄과 가치를 가지며, 행복을 추구할 권리를 가진다. 국가는 개인이 가지는 불가침의 기본적 인권을 확인하고 이를 보장할 의무를 진다.' 서울대 한인섭 교수님 가르침처럼, '모든 국민'을 '모든 노숙인'으로 바꾸면 된다. '모든 노숙인은 인간으로서의 존엄과 가치를 가지며, 행복을 추구할 권리를 가진다. 국가는 모든 노숙인이 가지는 불가침의 기본적 인권을 확인하고 이를 보장할 의무를 진다.'

 헌법은 노숙인이라고 해서 인간의 존엄과 기본인권을 보장하지 말라고 하지 않고 있다. 물론 지하철 안이나 공원에서 신문지 깔고 자고, 역겨운 냄새를 풍기는 노숙인들의 인권만 인권이고, 그것을 이용해야 하는 일반 사람들의 인권은 인권이 아니냐고 되물을 수 있다. 그러나 이에 대해서도 헌법 제11조 제1항은 해답을 내놓고 있다.

'모든 국민은 법 앞에 평등하다. 누구든지 성별·종교 또는 사회적 신분에 의하여 정치적·경제적·사회적·문화적 생활의 모든 영역에 있어서 차별을 받지 아니한다.' 노숙인들은 갈 곳이 없어 지하철 안이나 공원을 찾을 뿐이다. 그들도 가족이 있는 집이나 5성급 호텔에서 지내고 싶을 것이다. 단지 그들은 여러 가지 이유로 가고 싶고, 하고 싶어도 하지 못할 뿐이다.

　"같은 것은 같게, 다른 것은 다르게" 하는 것이 법의 원칙이고, 정의다. 그리고 앞으로 노숙자라는 말은 사용하지 말자. "자"는 "사람"이라는 뜻도 있지만 흔히 "놈" 者로 불리 운다. 기왕이면 사람 "人" 자로 호칭하자. 우리들은 장애인을 존중한다고 장애우로 부르곤 하는데, 정작 장애인들은 일반인들과 달리 불리우는 것을 싫어한다고 한다. 내 입장만이 아닌 상대방의 입장에서 바라보자. 노숙인도 우리와 똑같은 대한민국 국민이다. 그들이 다시 새로운 삶을 찾을 수 있도록 쉼터와 삶터를 제공하고, 먹을 것을 제공하고, 씻을 곳을 제공해야 하지 않을까? 노숙인들이 살기 좋은 사회는, 곧 우리도 살기 좋은 사회이다.

읽으면 행복해지는 책

김홍신_ 작가 "우리시대의 깃대종"

시대의 아픔을 걱정하고 스스로의 혼을 조신하게 닦으며 이웃을 눈여겨 지극히 살피는 지성인이 그리운 시절에 김양홍 변호사는 뚜벅뚜벅 바른 걸음으로 우리시대의 깃대종이 되었습니다. 김양홍 변호사는 천명을 곱게 받드는 넉넉한 품격이 있습니다. 대한민국을 감동케하려는 어짐이 있습니다. 그는 우리 시대를 조명하려는 참 선비입니다.

조국_ 서울대 법학전문대학원 교수 "글은 사람을 닮는다"

글은 사람을 닮는다 했다. 언제나 주변 사람들을 따뜻한 마음으로 대하고 배려와 공감으로 소통하는 김양홍 변호사의 뜻과 삶을 이 작은 책자를 통하여 엿볼 수 있다. 다들 경험해 보았을 일상의 소소한 사건, 사람과 사회에 대한 김변호사의 성찰에 기초한 미셀러니를 읽으면서 내 자신을 돌아보게 된다.

나주옥_ 김양홍의 아내 "더 행복해지시고 주님께 가까이 다가서기를"

이번 3번째로 출간하게 되는 책을 읽다보니 마음이 따뜻해지고 감사하는 마음을 갖게 됩니다. 또한 매 글마다 마지막에 있는 성경 말씀을 통해 더 그 글의 지혜를 성경적으로 바라보게 됩니다. 이 책을 통해 많은 분들이 삶이 더 행복해지시고 주님께 가까이 다가서는 시간이 되실 거라고 믿습니다.

김은혜_ 김양홍의 딸 "어머니의 자장가와 따뜻한 베개 같은 책"

잠시 나라는 공간 속에서 편히 잠들고 싶을 때 이 책을 읽으면 글귀 하나하나가 어머니의 자장가처럼 독자 여러분들에게 따뜻한 베개가 되어 드릴 것입니다.

김은철_ 김양홍의 아들 "생생한 삶의 향기"

힘들어하신 적은 있어도 절망하지 않으시는 아버지가 쓰신 책입니다. 항상 긍정을 말하시고, 언제나 주변 사람들을 축복하시는 당신의 인생과 삶에 대한 성찰을 담은 책! 이 책에 담긴 생생한 삶의 향기를 느끼시기 바랍니다.

책 구입처 : 교보문고, 영풍문고, 반디앤루니스, 알라딘, YES24, 생명의말씀사 직영서점

변호사 김양홍 Profile

광주제일고등학교 졸업
전남대학교 법과대학 졸업
제10회 군법무관임용시험 합격
사법연수원 수료
수도방위사령부 검찰부장
제3사단 법무참모
제3군단 보통군사법원 군판사
국방부 법무관리관실 군사법담당
고등군사법원 보통부장
변호사/변리사/세무사/행정사 등록

현재

국방부 중앙군인(군무원)인사소청심사위원회 위원
방위사업청 보통징계위원회 민간위원
서울특별시 서대문구의회 입법·법률고문
제56사단 노고산연대 명예 법무장교
대한임상초음파학회 고문변호사
순천향대학교 천안병원 법률고문
사단법인 전국보일러설비협회 고문변호사
사단법인 민주시민정치아카데미 이사
사단법인 다비다자매회 이사
재단법인 금호학원 이사
전우뉴스 칼럼니스트
용산구상공회 수석부회장
공증인가 법무법인 서호 대표변호사

저서

민법판례(개정2판, 유스티니아누스)
법무법인 서호의 국가유공자클리닉(공저, 법률정보센터)
사회복지법령집(퍼시픽북스)
협동조합 사례별 절차실무(공저, 법률정보센터)
주택임대차보호법 해설(공저, 법률정보센터)
변호사 김양홍의 행복한 동행(모리슨)
변호사 김양홍의 행복한 동행2(모리슨)
변호사 김양홍의 행복한 동행3(모리슨)

변호사 김양홍의 행복한 동행

2018년 3월 30일 5쇄 발행

지은이 김양홍

만든이 최순환

만든곳 도서출판 모리슨

등   록 제 22-2116호(1998. 12. 17

주   소 경기도 여주시 대신면 윤촌2길 29-2

전   화 031-881-4935, 010-2354-4935

E-milal morisoon@hanmail.net

ISBN 978-89-90233-94-3 03230

값 14,000 원